会计信息智能化处理的
方法与技术

于建静　王中华　陈文静 ◎ 著

吉林出版集团股份有限公司

图书在版编目（CIP）数据

会计信息智能化处理的方法与技术 / 于建静，王中
华，陈文静著. -- 长春：吉林出版集团股份有限公司，
2024. 10. -- ISBN 978-7-5731-5995-3

Ⅰ. F232

中国国家版本馆CIP数据核字第2024JR5359号

会计信息智能化处理的方法与技术

KUAIJI XINXI ZHINENG HUA CHULI DE FANGFA YU JISHU

著　者	于建静　王中华　陈文静
责任编辑	王艳平　张继玲
封面设计	林　吉
开　本	787mm×1092mm　　1/16
字　数	200 千
印　张	13
版　次	2024 年 10 月第 1 版
印　次	2024 年 10 月第 1 次印刷
山版发行	吉林出版集团股份有限公司
电　话	总编办：010-63109269
	发行部：010-63109269
印　刷	廊坊市广阳区九洲印刷厂

ISBN 978-7-5731-5995-3　　　　　　　　　　　　定价：78.00 元

前　言

随着信息技术的飞速发展，尤其是大数据、人工智能等技术的广泛应用，会计信息处理正逐渐从传统的手工操作向智能化、自动化方向转变。会计信息智能化处理不仅提高了会计工作的效率和准确性，还为企业决策、风险管理等提供了更为强大的支撑。本书旨在探讨会计信息智能化处理的方法与技术，分析其优势与挑战及未来的发展趋势。

在信息化时代，企业面临着海量的数据和信息，如何有效地处理这些信息，提取有价值的数据，成为企业关注的焦点。会计信息作为企业经营成果的重要载体，其处理的效率和准确性直接关系到企业的决策质量和运营效率。传统的会计信息处理方法主要依赖人工操作，存在效率低、易出错等问题。而会计信息智能化处理则通过引入先进的信息技术和算法，实现了会计信息的自动化、智能化处理，大大提高了会计工作的效率和准确性。

尽管会计信息智能化处理具有诸多优势，但在实际应用过程中也面临着一些挑战。例如，技术实现难度较大、数据安全和隐私保护问题亟待解决等。未来，随着技术的不断进步和应用场景的不断拓展，会计信息智能化处理将逐渐实现更加智能化、自动化和个性化的发展。同时，随着大数据、云计算等技术的深入应用，会计信息智能化处理将与企业的其他业务进行深度融合，为企业的全面发展提供有力支持。

于建静　王中华　陈文静

2024 年 5 月

目　录

第一章　智能化会计技术概述

第一节　智能化会计的定义与范畴

一、智能化会计的定义

智能化会计，作为现代会计领域的一项重要变革，其定义远不止简单的技术融合。它代表着会计行业在信息化、数字化浪潮中的深度转型，旨在通过人工智能（Artificial Intelligence，英文缩写 AI）、大数据、云计算等现代信息技术手段，对传统会计流程进行全方位、深层次的智能化改造。这种改造不仅关注会计信息的快速、准确处理，更强调通过智能算法和模型，对会计数据进行深度挖掘和分析，以提供更加精准、高效的决策支持。

（一）智能化会计的技术支撑

智能化会计的实现离不开先进的信息技术手段。人工智能作为其中的核心，通过机器学习、深度学习等技术，使会计系统能够模拟人类的思维过程，对复杂的会计问题进行自主学习和判断。同时，大数据技术使得海量会计数据的存储、处理和分析成为可能，为会计信息的深度挖掘提供了强有力的支持。云计算则通过提供弹性、可扩展的计算资源，满足了智能化会计在数据处理和存储方面的需求。

（二）智能化会计的业务流程优化

智能化会计在业务流程优化方面发挥了重要作用。传统会计流程往往繁琐、耗时，且容易出错。智能化会计通过引入自动化、智能化的技术手段，实现了会计信息的快速录入、自动审核、智能分类等功能，大大提高了会计工作的效率和准确性。同时，智能化会计还能够根据企业的实际需求，定制个性化的会计解决方案，满足企业不同业务场景下的会计需求。在智能化会计的推动下，会计工作的重心逐渐从简单的数据录入和核算转向数据的分析和应用。会计人员可以利用智能化会计系统提供的丰富数据资源，结合自身的专业知识和经验，为企业提供更加精准、有价值的决策支持。这种转变不仅提高了会计工作的价值，也为企业的发展提供了更加坚实的财务保障。

（三）智能化会计的信息价值挖掘

智能化会计在信息价值挖掘方面具有显著优势。传统会计主要关注会计信息的记录和核算，而对于会计信息的深度挖掘和应用则相对不足。智能化会计通过引入大数据、人工智能等技术手段，可以对会计数据进行全面的分析和挖掘，发现其中蕴含的规律和趋势。这些信息不仅可以用于企业的财务分析和预测，还可以为企业的战略决策和风险管理提供有力支持。此外，智能化会计还能够实现会计信息的实时更新和共享。通过云计算等技术手段，企业可以实时获取最新的会计信息，并将其与企业的其他业务数据进行整合和分析。这种实时、全面的信息获取和分析能力，使得企业能够更加准确地把握市场动态和客户需求，从而作出更加明智的决策。

智能化会计作为现代会计领域的一项重要变革，其定义涵盖了技术支撑、业务流程优化和信息价值挖掘等多个方面。通过引入先进的信息技术手段，智能化会计不仅提高了会计工作的效率和准确性，还为企业的发展提供了更加坚实的财务保障和决策支持。随着技术的不断进步和应用场景的不断拓展，智能化会计将在未来发挥更加重要的作用。

二、智能化会计的范畴界定

（一）会计数据处理的智能化

会计数据处理的智能化是智能化会计的基础与核心。在智能化技术的支持下，会计数据处理不再局限于传统的手工录入和简单的电子计算，而是实现了数据的自动化采集、整理、分类和存储。通过应用人工智能、机器学习、大数据分析等先进技术，会计系统能够实时从各种业务系统中抓取数据，自动进行凭证生成、账簿登记、报表编制等工作，大大提高了数据处理的效率和准确性。

　　智能化会计数据处理还具备自我学习和优化的能力。通过机器学习算法，系统能够不断从历史数据中学习规律，优化数据处理流程，提高数据处理的智能化水平。此外，智能化会计数据处理还能够实现数据的可视化展示，通过图表、图像等形式直观展示数据之间的关系和趋势，为管理者提供更加直观、易懂的数据支持。

（二）财务分析的智能化

　　财务分析是会计工作的重要组成部分，智能化财务分析通过运用各种先进的智能算法和模型，对财务数据进行深入挖掘和分析，发现数据背后的经济规律和业务趋势。智能化财务分析能够自动进行财务比率计算、趋势分析、结构分析等工作，并自动生成分析报告和预测模型，为管理者提供及时、准确的财务信息支持。在智能化财务分析中，人工智能技术发挥着重要作用。通过自然语言处理（Natural Language Processing，NLP）技术，系统能够自动解析和提取文本信息中的财务数据，实现财务信息的自动化提取和分析。同时，机器学习算法还能够根据历史数据预测未来的财务趋势和业绩，为管理者提供前瞻性的决策支持。

（三）决策支持的智能化

　　智能化会计不仅关注数据的处理和分析，更关注如何为管理者提供有效的决策支持。智能化决策支持通过集成各种智能算法和模型，结合企业的实际情况和外部环境，为管理者提供科学的决策建议和方案。

　　在智能化决策支持中，系统能够自动收集和分析各种内外部信息，包括市场数据、竞争对手信息、政策法规等，并将这些信息与企业自身的财务数据相结合，进行综合分析和评估。同时，系统还能够根据管理者的需求和偏好，提供个性化的决策支持服务，如定制化的报告、实时的数据分析等。此外，智能化决策支持还具备自我学习和优化的能力。通过不断学习和积累经验，系统能够不断优化决策模型和算法，提高决策支持的准确性和有效性。

（四）内部控制的智能化

　　内部控制是企业管理的重要环节，智能化内部控制通过应用智能化技术，实现内部控制的自动化、实时化和智能化。智能化内部控制能够自动识别和评估企业的风险点，制定相应的控制策略和措施，并通过自动化监控和预警机制，及时发现和纠正违规行为。在智能化内部控制中，区块链技术发挥着重要作用。区块链技术具有去中心化、不可篡改、透明可追溯等特点，能够确保会计信息的真实性和完整性。通过将区块链技术应用于会计信息的记录和存储中，可以实现会计信息的自动化验证和审计，提高内部控制的效率和准确性。

此外，智能化内部控制还能够实现与其他管理系统的集成和协同工作。通过与企业资源计划（Enterprise Resource Planning，简称 ERP）、客户关系管理（Customer Relationship Management，简称 CRM）等管理系统的集成，实现数据的共享和交换，提高内部控制的全面性和有效性。同时，智能化内部控制还能够支持远程监控和移动办公等功能，提高内部控制的灵活性和便捷性。

三、智能化会计的核心特征

（一）自动化的高效运作

智能化会计的核心特征之一是自动化。在传统会计工作中，大量的时间和精力被用于数据的录入、核对和分类等重复性工作。而智能化会计通过引入先进的自动化技术，使得这些繁琐的任务得以快速、准确地完成。通过预设的规则和算法，智能化会计系统能够自动识别、提取和处理会计信息，减少了人工干预的需求，从而大大提高了会计工作的效率和准确性。自动化的运作大大提高了会计工作的效率。在传统会计工作中，由于人为疏忽或疲劳等原因，容易出现录入错误、计算错误等问题。而智能化会计系统通过自动化的处理流程，减少了人为因素的干扰，提高了会计信息的准确性和可靠性。

（二）智能化的深度分析

智能化会计的另一个核心特征是智能化。通过引入人工智能技术，智能化会计系统能够模拟人类的思维过程，对复杂的会计问题进行自主学习和判断。这使得智能化会计系统不仅能够完成基本的会计处理任务，还能够进行更加深入的分析和预测。智能化会计系统可以通过算法和模型对大量的会计数据进行深度挖掘和分析，发现其中的规律和趋势。这种智能化的分析能力，使得企业能够更加准确地把握财务状况和经营成果，为企业的决策提供有力的支持。同时，智能化会计系统还能够根据企业的实际需求，进行个性化的分析和预测，为企业提供更加精准、有价值的决策支持。

（三）数据化的决策基础

数据化是智能化会计的又一核心特征。在智能化会计的框架下，会计信息不再仅仅是记录和核算的工具，而是成为企业决策的重要依据。智能化会计系统以数据为核心，通过实时收集、处理和分析会计信息，为企业提供全面、准确、及时的财务数据支持。这些数据化的会计信息不仅反映了企业的财务状况和经营成果，还蕴含了丰富的市场信息和客户需求。通过对这些信息的深度挖掘和分析，企业可以更加准确地把握市场动态和客户需求，从而作出更加明智的决策。同时，数据化的会计信息还能够为企业的风险管理提供有力支持，帮助企业及时发现和解决潜在的风险问题。

（四）灵活性与可扩展性

智能化会计的最后一个核心特征是灵活性与可扩展性。随着企业业务的发展和市场的变化，会计工作的需求也在不断变化。智能化会计系统需要具备足够的灵活性和可扩展性，以适应这些变化。智能化会计系统通常采用模块化设计，可以根据企业的实际需求进行定制和扩展。无论是增加新的会计科目、调整会计政策还是对接新的业务系统，智能化会计系统都能够快速响应并满足企业的需求。这种灵活性和可扩展性使得智能化会计系统能够更好地适应企业的业务发展和市场变化，为企业的持续发展和创新提供有力的支持。

四、智能化会计的应用领域

（一）企业会计

在企业会计领域，智能化会计的应用极大地提升了会计工作的效率和准确性。传统的手工记账、凭证编制、报表编制等繁琐工作，通过智能化会计系统可以自动完成，大大减轻了会计人员的工作负担。同时，智能化会计系统还能根据预设的规则和算法，自动进行数据的校验和审核，确保会计信息的准确性和合规性。

智能化会计系统还具备强大的数据分析功能。通过内置的财务模型和算法，系统能够自动对大量的财务数据进行分析，挖掘出数据背后的经济规律和业务趋势，为企业的决策提供有力支持。例如，系统可以自动计算各种财务比率，分析企业的盈利能力、偿债能力、运营效率等，帮助管理者全面了解企业的财务状况和经营成果。

（二）审计

在审计领域，智能化会计的应用同样具有重要意义。审计师可以利用智能化会计系统，对企业的会计信息进行自动化的数据验证和比对，发现可能存在的异常和错误。通过智能化审计工具，审计师可以更加高效地完成审计任务，提高审计的质量和效率。智能化会计系统还能帮助审计师进行风险评估。系统可以自动分析企业的财务数据、业务流程等信息，评估企业可能面临的财务风险和合规风险，为审计师提供有针对性的审计建议和措施。

（三）税务

在税务领域，智能化会计的应用为企业提供了更加便捷、高效的税务管理方案。通过智能化会计系统，企业可以自动完成税务数据的采集、整理、计算和申报等工作，减少人工操作的错误和疏漏。同时，系统还能根据税法和政策的变化，自动更新税务规则和算法，确保企业税务处理的合规性和准确性。智能化会计系统还能帮助企业进行税务筹划。系统可以自动分析企业的财务数据、税收政策等信息，为企业提供最优的税务筹划方案，降低企业的税务负担和风险。

（四）财务咨询

在财务咨询领域，智能化会计的应用为财务咨询机构提供了更加专业、高效的服务支持。通过智能化会计系统，财务咨询机构可以更加准确地了解客户的财务状况和经营成果，为客户提供有针对性的财务建议和解决方案。智能化会计系统还能帮助财务咨询机构进行行业分析和市场研究。系统可以自动收集和分析大量的行业数据和市场信息，为财务咨询机构提供有关行业趋势、竞争格局等方面的洞察和预测，帮助财务咨询机构更好地服务客户、开拓市场。

（五）跨领域融合应用

智能化会计的应用不仅仅局限于以上四个领域，还可以与其他领域进行跨领域的融合应用。例如，在供应链管理领域，智能化会计系统可以与供应链管理系统进行集成，实现供应链数据的自动采集、分析和监控，为企业的供应链管理提供有力支持。在风险管理领域，智能化会计系统可以与风险管理系统进行对接，实现财务数据和风险信息的共享和协同处理，提高企业的风险管理水平。在人工智能和大数据领域，智能化会计系统可以与其他智能化应用进行融合，共同推动企业的数字化转型和智能化升级。

五、智能化会计的发展趋势

（一）深度集成与数字化转型

随着企业数字化转型的加速，智能化会计将逐渐成为企业整体转型战略中不可或缺的一环。未来，智能化会计将与企业的其他业务系统深度集成，实现信息的实时共享和协同工作。通过集成，企业可以打破信息孤岛，实现会计信息的无缝对接，提高信息的流通效率和准确性。同时，智能化会计将为企业提供全面的数字化解决方案，帮助企业构建数字化的财务管理体系，实现财务管理的智能化和自动化。在数字化转型的过程中，智能化会计将更加注重数据的价值挖掘。通过大数据分析和人工智能技术，智能化会计可以深入挖掘会计数据中的潜在价值，为企业提供更准确的决策支持。例如，智能化会计可以分析企业的历史财务数据，预测未来的财务趋势和潜在风险，帮助企业制定更加科学的财务战略。此外，智能化会计还可以与企业的供应链、销售等业务系统相结合，分析客户的购买行为和偏好，为企业的营销和客户服务提供数据支持。

（二）智能化程度的不断加深

随着人工智能技术的不断进步，智能化会计的智能化程度将不断加深。未来，智能化会计将能够处理更加复杂和多样化的会计任务，包括自动化账务处理、智能审计、风险预测等。通过引入先进的算法和模型，智能化会计将能够模拟人类的思维过程，对复杂的会计问题进行自主学习和判断。同时，智能化会计将更加注重用户体验和易用性。未来的智能化会计系统将更加智能化和人性化，能够自动适应不同用户的需求和习惯，提供更加便捷和高效的服务。例如，智能化会计系统可以根据用户的操作习惯自动调整界面和功能布局，提高用户的使用体验。此外，智能化会计系统还将提供智能化的帮助和提示功能，帮助用户更好地理解和使用系统。

（三）跨界融合与创新发展

智能化会计的发展将促进相关领域跨界融合和创新发展。随着技术的不断进步和应用场景的不断拓展，智能化会计将与金融、税务、审计等相关领域进行深度融合，形成更加全面和高效的财务管理生态系统。通过跨界融合，智能化会计可以引入更多的创新元素和思路，推动财务管理领域的创新和发展。智能化会计还将促进企业财务管理的创新和发展。通过智能化会计系统的应用，企业可以更加准确地把握财务状况和经营成果，发现潜在的财务风险和机会。这将为企业的决策提供有力支持，推动企业实现更加科学和高效的管理。此外，智能化会计还可以帮助企业实现财务的智能化控制和预测，提高财务的灵活性和适应性。

智能化会计的发展趋势将体现在深度集成与数字化转型、智能化程度的不断加深以及跨界融合与创新发展三个方面。随着技术的不断进步和应用场景的不断拓展，智能化会计将在企业数字化转型中发挥更加重要的作用，为企业的财务管理和决策提供有力支持。同时，智能化会计也将促进相关领域的创新和发展，推动整个财务管理领域的进步。

第二节　智能化会计的发展历程

一、智能化会计的初期探索

（一）技术引入与概念形成

智能化会计的初期探索始于人工智能技术在会计领域的初步尝试和应

用。随着人工智能技术的不断发展，其强大的计算能力和数据处理能力引起了会计行业的关注。在这一阶段，会计专业人士开始思考如何将人工智能技术引入会计领域，以提高会计工作的效率和准确性。同时，学术界和产业界也开始对智能化会计进行概念界定和理论探讨，为后续的发展和应用奠定了基础。

在技术引入方面，初期主要关注的是如何将人工智能技术的核心算法和模型应用于会计数据的处理和分析中。例如，利用机器学习算法对会计数据进行分类和预测，利用自然语言处理技术对会计文档进行自动识别和提取等。这些技术的应用使得会计数据的处理和分析更加自动化和智能化，为会计工作带来了革命性的变化。

（二）基础功能实现

在智能化会计的初期探索中，一些基础功能得到了实现。这些功能主要包括会计数据的自动化采集、整理、分类和存储等。通过应用人工智能技术，会计系统能够自动从各种业务系统中抓取数据，并按照预设的规则和算法进行整理和分类。此外，智能化会计系统还具备自我学习和优化的能力。通过不断学习和积累经验，系统能够不断优化数据处理流程，提高数据处理的智能化水平。

（三）应用场景拓展

随着智能化会计技术的不断发展，其应用场景也得到了不断拓展。除了传统的企业会计领域，智能化会计还开始应用于审计、税务、财务咨询等领域。在审计领域，智能化会计系统可以自动进行数据验证和比对，发现可能存在的异常和错误；在税务领域，智能化会计系统可以自动完成税务数据的采集、整理和申报等工作；在财务咨询领域，智能化会计系统可以为企业提供更加专业、高效的财务建议和解决方案。这些应用场景的拓展不仅丰富了智能化会计的应用场景，也为其后续的发展和应用提供了更多的可能性。

（四）挑战与机遇并存

在智能化会计的初期探索中，虽然取得了一定的成果，但也面临着一些挑战和机遇。一方面，智能化会计技术的应用需要企业具备相应的技术基础设施和人才储备，这对于一些中小企业来说可能存在一定难度。另一方面，智能化会计技术的发展也面临着数据安全和隐私保护等方面的挑战。

这些挑战也带来了机遇。随着技术的不断发展和应用场景的不断拓展，智能化会计将为企业带来更多的机遇和价值。例如，通过智能化会计系统，企业可以更加准确地了解自身的财务状况和经营成果，为企业的决策提供有力支持；同时，智能化会计系统还可以帮助企业进行风险管理和预测，降低企业的风险和不确定性。在智能化会计的初期探索中，需要正视挑战和机遇并存的情况，不断探索和创新，推动智能化会计技术的不断发展和应用。

二、智能化会计的技术积累

智能化会计作为会计信息智能化处理的重要体现，其技术积累和发展对于提升会计工作的效率和准确性具有关键作用。随着大数据、云计算等技术的不断成熟，智能化会计得以拥有坚实的技术基础，并在多个方面展现出其独特优势。

（一）大数据技术的广泛应用

大数据技术的成熟为智能化会计提供了海量的数据资源。在传统的会计工作中，数据的获取和处理往往受限于数据来源的有限性和处理能力的不足。而大数据技术能够实现对海量数据的快速收集、存储和分析，使得智能化会计能够处理更加庞大和复杂的数据集。通过大数据技术，智能化会计可以实时获取各种会计信息，包括财务数据、业务数据、市场数据等。这些数据不仅数量庞大，而且来源多样，为智能化会计提供了丰富的数据资源。同时，大数据技术还能够对这些数据进行深度挖掘和分析，发现其中的规律和趋势，为企业的决策提供有力支持。

（二）云计算技术的支持

云计算技术为智能化会计提供了强大的计算和存储能力。在智能化会计中，数据的处理和分析需要强大的计算能力支持。而云计算技术通过提供弹性、可扩展的计算资源，使得智能化会计能够应对各种复杂的计算任务。同时，云计算技术还提供了安全的数据存储和备份方案。在智能化会计中，数据的安全性和保密性至关重要。通过云计算技术，企业可以将数据存储在云端，实现数据的远程访问和备份，降低数据丢失和泄露的风险。

（三）人工智能技术的引入

人工智能技术的引入使得智能化会计具备了更加智能和灵活的能力。人工智能技术通过模拟人类的思维过程，对复杂的会计问题进行自主学习和判断。在智能化会计中，人工智能技术可以应用于多个方面，如自动化账务处理、智能审计、风险预测等。通过引入人工智能技术，智能化会计可以实现对会计信息的自动识别和分类，减少人工干预的需求。同时，人工智能技术还可以根据企业的实际需求，进行个性化的分析和预测，为企业提供更加精准和有价值的决策支持。

（四）安全与隐私保护技术的加强

在智能化会计的发展过程中，安全与隐私保护技术的加强至关重要。随着会计信息智能化处理的不断深入，数据的安全性和隐私性面临着更大的挑战。因此，加强安全与隐私保护成为智能化会计发展的重要方向。智能化会计在设计和实施过程中，需要充分考虑数据的安全性和隐私性。通过采用先进的加密技术、访问控制技术、身份认证技术等，确保会计数据的安全性和保密性。同时，智能化会计还需要建立完善的数据备份和恢复机制，以应对可能的数据丢失和泄露风险。

智能化会计的技术积累体现在大数据技术的广泛应用、云计算技术的支持、人工智能技术的引入以及安全与隐私保护技术的加强4个方面。这些技术的成熟应用为智能化会计提供了坚实的技术基础，推动了会计信息智能化处理的深入发展。随着技术的不断进步和创新，智能化会计将在未来展现出更加广阔的应用前景。

三、智能化会计的快速发展

（一）技术创新推动智能化会计的深入应用

随着人工智能技术的不断创新和突破，智能化会计在多个领域取得了显著成果，得到了广泛应用。在技术创新方面，深度学习、自然语言处理、机器学习等先进技术被广泛应用于会计数据的处理和分析中，使得智能化会计系统的功能更加强大和智能。深度学习技术的应用使得智能化会计系统能够自动学习和识别复杂的会计模式，从而提高数据处理的准确性和效率。自然语言处理技术的应用则使得会计文档能够自动被系统识别和提取，大大减少了人工操作的时间，降低了错误率。这些技术的创新应用不仅提高了智能化会计系统的性能，也为企业带来了更高的经济效益。

（二）智能化会计在会计领域内的全面应用

智能化会计在会计领域的应用已经实现了全面应用。从最初的会计数据处理和分析，到现在的内部控制、风险管理、财务预测等多个方面，智能化会计都发挥了重要作用。

在会计数据处理和分析方面，智能化会计系统的应用大大提高了数据处理的效率和准确性。在内部控制方面，智能化会计系统能够自动识别和评估企业的风险点，并制定相应的控制策略和措施，确保企业的财务安全和合规性。在风险管理方面，智能化会计系统能够自动分析企业的财务数据，预测和评估可能面临的风险，为企业制定风险应对策略提供支持。在财务预测方面，智能化会计系统能够基于历史数据和算法模型，预测企业未来的财务状况和经营成果，为企业的决策提供有力支持。

（三）智能化会计在跨领域融合中的发展

随着智能化会计技术的不断发展，其应用领域也在不断拓展，实现了跨领域的融合。智能化会计不仅应用于会计领域，还开始与其他领域进行深度融合，共同推动企业的数字化转型和智能化升级。

这种跨领域的融合不仅丰富了智能化会计的应用场景，也为后续的发展和应用提供了更多的可能性。通过与其他领域的深度融合，智能化会计将为企业带来更加全面和深入的智能化服务，推动企业的数字化转型和智能化升级。

四、智能化会计的深度融合

智能化会计作为企业数字化转型的重要组成部分，其与企业其他管理系统的深度融合是必然趋势。这种深度融合不仅有助于提升会计信息的处理效率和准确性，还能促进企业内部各系统之间的协作与协同，进而形成强大的协同效应，推动企业整体管理水平的提升。

（一）与 ERP 系统的集成

企业资源计划（ERP）系统是现代企业管理的重要工具，涵盖了财务、采购、销售、库存等多个方面。智能化会计与 ERP 系统的集成，可以实现会计信息的实时共享和协同处理。通过集成，智能化会计能够自动从 ERP 系统中获取财务数据，减少数据录入和核对的工作量，提高会计信息的准确性和时效性。同时，智能化会计还能将处理后的会计信息反馈给 ERP 系统，为企业提供更全面、准确的财务数据支持。

（二）与 CRM 系统的融合

客户关系管理（CRM）系统是企业与客户之间的重要桥梁，涵盖了客户信息管理、销售过程管理、售后服务等多个方面。智能化会计与 CRM 系统的融合，可以实现客户数据与财务数据的无缝对接。通过融合，智能化会计能够实时获取客户订单、销售合同等销售数据，自动计算销售收入和成本，提高销售财务管理的效率。同时，智能化会计还能根据客户需求和市场变化，提供个性化的财务分析和预测，为企业制定更加精准的销售策略提供支持。

（三）与 SCM 系统的协同

供应链管理（Supply Chain Management，SCM）系统是企业与供应商、合作伙伴之间的协作平台，涵盖了订单管理、库存管理、物流管理等多个方面。智能化会计与 SCM 系统的协同，可以实现供应链数据与财务数据的实时共享和协同处理。通过协同，智能化会计能够实时获取供应商发票、库存变动等供应链数据，自动计算采购成本、库存成本等费用，提高供应链财务管理的效率。同时，智能化会计还能根据供应链数据的变化，提供实时的财务分析和预测，帮助企业及时发现和解决潜在的财务风险。

（四）与 BI 工具的整合

商业智能（Business Intelligence，BI）工具是企业数据分析的重要工具，可以帮助企业从海量数据中提取有价值的信息。智能化会计与 BI 工具的整合，可以实现会计数据与业务数据的深度挖掘和分析。通过整合，智能化会计可以利用 BI 工具提供的数据分析功能，对会计数据进行多维度的分析和可视化展示，帮助企业更好地了解财务状况和经营成果。同时，智能化会计还能结合 BI 工具提供的数据挖掘功能，发现财务数据中的潜在规律和趋势，为企业的决策提供有力支持。

智能化会计与企业其他管理系统的深度融合是提升企业整体管理水平的关键。通过与 ERP、CRM、SCM 等系统的集成和融合，以及与 BI 工具的整合，智能化会计可以实现会计信息的实时共享和协同处理，促进企业内部各系统之间的协作与协同。这种深度融合不仅有助于提升会计信息的处理效率和准确性，还能为企业提供更全面、准确、及时的财务数据支持，推动企业的持续发展和创新。

第三节　智能化会计的技术基础

一、人工智能

（一）机器学习在智能化会计中的核心作用

机器学习作为人工智能领域的重要分支，在智能化会计中扮演着核心角色。通过机器学习算法，智能化会计系统能够自动从大量的会计数据中学习并提取有用的信息和模式。例如，在财务预测方面，机器学习模型可以通过分析历史财务数据，学习并预测未来的财务状况和经营成果。这种预测能力可以帮助企业更好地制定财务策略，规避潜在风险。机器学习还可以帮助智能化会计系统实现自动化处理。在会计凭证的生成、账簿的登记、报表的编制等方面，机器学习算法可以根据预设的规则和算法，自动完成这些繁琐的工作。

（二）深度学习在智能化会计中的高级应用

深度学习作为机器学习的一个子集，其更强大的数据处理和分析能力使得智能化会计的应用达到了新的高度。深度学习模型能够处理更加复杂的会计数据和模式，提取更加细微和有用的信息。在智能化会计中，深度学习被广泛应用于财务欺诈检测和风险评估等方面。通过训练深度学习模型，系统能够自动学习和识别欺诈行为的模式和特征。当新的会计数据进入系统时，深度学习模型能够自动对这些数据进行分析和评估，发现可能存在的欺诈行为，并给出相应的风险预警。深度学习还可以用于财务预测和决策支持等方面，可以通过分析大量的历史财务数据和市场数据，学习并预测未来的财务趋势和市场变化。

人工智能在智能化会计中的应用推动了会计信息智能化处理的发展。机器学习、深度学习等技术的应用使得智能化会计系统能够自动处理和分析大量的会计数据，提高了会计工作的效率和准确性。

二、大数据技术

在智能化会计数据处理中，大数据技术的应用日益广泛，为会计信息智能化处理带来了革命性的变化。大数据技术以其海量的数据存储、高效的数据处理能力以及深度的数据挖掘等特点，极大地推动了智能化会计的发展。

（一）海量数据存储与管理

随着企业业务的不断扩展和复杂化，会计数据呈现出爆炸式增长的趋势。大数据技术提供了海量的数据存储能力，能够轻松应对这一挑战。通过构建分布式存储系统，大数据技术能够将会计数据分散存储在多个节点上，实现数据的冗余备份和负载均衡，确保数据的安全性和可靠性。同时，大数据技术还能够实现数据的高效索引和查询，支持复杂的数据分析和处理任务，为智能化会计提供稳定、可靠的数据基础。

（二）实时数据处理与分析

大数据技术具备强大的实时数据处理能力，能够实现对会计数据的实时采集、传输和处理。在智能化会计中，实时数据处理和分析对于及时发现和解决问题至关重要。通过大数据技术，可以实时监控企业的财务状况和业务活动，及时发现异常情况并采取相应的措施。此外，大数据技术还能够对会计数据进行实时分析，提取有价值的信息，为企业的决策提供有力支持。

（三）数据挖掘与智能预测

数据挖掘是大数据技术的核心应用之一，它能够从海量的会计数据中提取出有价值的信息和模式。在智能化会计中，数据挖掘技术被广泛应用于财务预测、风险评估、客户分析等领域。通过数据挖掘，可以发现财务数据中的潜在规律和趋势，预测未来的财务状况和市场变化。同时，数据挖掘技术还可以结合其他业务数据，如销售数据、客户数据等，进行多维度的分析和预测，为企业的战略规划和决策提供更加全面、准确的依据。

（四）数据可视化与决策支持

大数据技术还提供了丰富的数据可视化工具和技术，能够将复杂的会计数据以直观、易懂的方式呈现出来。通过数据可视化，可以将会计数据转化为图表、图像等形式，便于用户快速理解和分析数据。同时，数据可视化还能够将不同来源、不同格式的数据进行整合和展示，帮助用户发现数据之间的关联和差异。在智能化会计中，数据可视化技术为企业的决策提供了重要的支持。通过数据可视化，企业可以更加清晰地了解自身的财务状况和业务表现，发现潜在的风险和机会，从而作出更加明智的决策。

三、云计算

（一）计算能力的显著提升

云计算为智能化会计提供了前所未有的计算能力。传统的会计系统往往受限于本地硬件设备的性能，处理大规模数据或进行复杂计算时效率较低。而云计算通过虚拟化技术，将大量计算资源集中管理，形成一个庞大的计算集群，能够根据需求动态分配计算资源。这使得智能化会计系统能够高效地进行大规模数据处理、复杂算法运行和实时分析，极大地提升了会计信息处理的效率。

（二）存储能力的扩展与灵活性

云计算为智能化会计提供了海量的存储空间和灵活的存储方式。随着企业业务的发展和会计数据的不断增加，传统存储方式难以满足数据存储的需求。而云计算通过分布式存储技术，将数据分散存储在多个物理节点上，形成了庞大的存储集群。这使得智能化会计系统能够轻松应对海量数据的存储需求，并且支持数据的快速访问和备份恢复。同时，云计算还提供了多种存储方式和访问权限管理，保证了会计数据的安全性和隐私性。

（三）数据处理的高效性与实时性

云计算的引入使得智能化会计系统在数据处理方面更加高效和实时。云计算平台提供了强大的数据处理和分析能力，能够支持多种数据处理算法和工具的运行。智能化会计系统可以充分利用云计算平台的能力，对会计数据进行快速处理和分析，提取有价值的信息和模式。同时，云计算平台还支持实时数据处理和流式计算，使得智能化会计系统能够实时监控企业的财务状况和经营成果，及时发现潜在的风险和机遇。

（四）跨地域与跨部门的协作与共享

云计算为智能化会计提供了跨地域和跨部门的协作与共享能力。在传统的会计系统中，由于数据存储和处理的限制，不同部门和地域之间的协作和共享往往受到很大的限制。而云计算平台通过虚拟化技术和网络通信技术，实现了数据资源的集中管理和共享。智能化会计系统可以部署在云平台上，通过云服务实现不同部门和地域之间的数据共享和协作。这使得企业可以更加灵活地组织和管理会计工作，提高会计信息的准确性和一致性。此外，云计算还支持多租户架构和访问控制机制，保证了不同部门和地域之间的数据安全和隐私性。通过严格的权限管理和数据加密技术，可以防止未经授权的访问和数据泄露，以保护企业的财务安全和商业机密。

云计算为智能化会计的运行和发展提供了强大的支持。通过提供强大的计算能力和存储能力，云计算使得智能化会计系统能够高效处理和分析大量的会计数据，提高了会计信息的准确性和可靠性。同时，云计算还支持跨地域和跨部门的协作与共享，使得会计工作更加灵活和高效。随着云计算技术的不断发展和完善，相信智能化会计将在未来发挥更加重要的作用，为企业的财务管理和决策提供有力支持。

四、区块链

区块链技术，作为一种去中心化、透明、可追溯的分布式账本技术，正逐步被应用于会计信息的智能化处理中。它以其独特的特性，如数据不可篡改、去中心化存储、共识机制等，为会计信息提供了前所未有的透明度和可信度，极大地降低了欺诈风险。

（一）提升数据透明度和可信度

区块链技术通过其分布式账本的特点，实现了会计信息的去中心化存储和共享。在区块链网络中，每一笔交易都会被记录在所有的节点上，形成一个公开、透明的账本。这种账本具有不可篡改的特性，即一旦数据被写入区块链，就无法被修改或删除。因此，区块链技术可以确保会计信息的真实性和可信度，防止数据被篡改或伪造。

（二）降低欺诈风险

区块链技术的去中心化存储和共识机制，使得任何对会计信息的修改都需要经过网络中所有节点的验证和确认。这种机制使得欺诈行为变得极其困难，因为需要同时控制网络中绝大多数的节点才能实现对数据的篡改。因此，区块链技术可以大大降低会计信息的欺诈风险，保护企业的财务安全。

（三）优化审计流程

传统的审计流程需要耗费大量的人力和时间，对会计数据进行逐项核对和验证。而区块链技术可以实现对会计数据的自动审计和验证。在区块链网络中，每一笔交易都会生成一个唯一的哈希值，并与前一个交易的哈希值相连，形成一个完整的交易链。这种链式结构使得任何对数据的修改都会被迅速识别出来，从而实现对会计数据的自动审计和验证。这种自动化审计流程可以大大提高审计的效率和准确性，降低审计成本。

（四）加强内部控制

区块链技术的去中心化存储和透明性特点，使得企业的内部控制更加严密和有效。在区块链网络中，所有的交易都需要经过严格的验证和确认，任何违反规定的行为都会被及时发现并阻止。同时，区块链技术还可以实现对企业内部流程的实时监控和追溯，确保企业的运营符合规定和预期。加强内部控制可以进一步提高企业的管理水平和运营效率。

（五）促进跨组织协作

区块链技术的去中心化特性，使得不同组织之间的协作更加顺畅和高效。在传统的会计信息处理中，不同组织之间的数据交换和共享往往存在诸多障碍，如数据格式不兼容、数据安全性难以保障等。而区块链技术可以实现不同组织之间的数据共享和协同处理，使得会计信息的处理更加高效和准确。同时，区块链技术还可以实现不同组织之间的信任建立，促进跨组织协作的顺利进行。

五、物联网

（一）实时数据采集的革新

物联网技术通过各类传感器和智能设备，实现了对现实世界中各种物理信息的实时采集。在智能化会计领域中，物联网技术的应用使得会计数据能够实时、准确地从各种源头被获取。无论是生产线上的设备使用情况、仓库中的库存变动，还是销售点的销售数据，物联网都能够实现即时捕捉，为智能化会计系统提供最新、最全面的数据支持。

（二）数据监控的实时性与准确性

物联网技术不仅实现了数据的实时采集，还提供了对数据的实时监控功能。通过物联网平台，智能化会计系统能够实时监控企业的各项经济活动，确保会计数据的准确性和可靠性。一旦有异常数据出现，系统能够立即发出警报，提醒相关人员进行处理，从而降低数据错误和欺诈行为的风险。

（三）数据集成与整合

物联网技术能够将来自不同源头、不同格式的数据进行集成和整合。在智能化会计系统中，这意味着各种分散的会计数据能够被统一收集、处理和分析。通过物联网平台，智能化会计系统能够将不同部门、不同地点的会计数据进行集中管理，形成统一的会计数据仓库。这不仅提高了数据处理的效率，还使得会计信息的分析和应用更加便捷。

（四）数据驱动的智能决策

物联网技术的应用使得智能化会计系统能够基于实时、准确的数据进行智能决策。通过对海量数据的分析和挖掘，系统能够发现数据中的规律和趋势，为企业的财务决策提供支持。例如，系统可以根据销售数据预测未来的销售趋势，为企业的生产计划和市场策略提供参考；也可以根据库存数据自动调整采购计划，降低库存成本。

（五）安全性与隐私性的保障

在物联网环境下，智能化会计系统的安全性和隐私性显得尤为重要。物联网平台需要采用先进的安全技术和加密算法，确保会计数据在传输和存储过程中的安全。同时，平台还需要建立严格的权限管理机制，确保只有授权人员才能访问和使用会计数据。此外，物联网平台还需要具备强大的防攻击和防病毒能力，以应对各种网络威胁和攻击。

物联网技术为智能化会计提供了强大的数据支持。通过实时数据采集和监控、数据集成与整合、数据驱动的智能决策等功能，物联网技术使得智能化会计系统能够更加高效、准确地处理和分析会计数据，为企业的财务管理和决策提供有力支持。同时，物联网平台还需要注重安全性和隐私性的保障，确保会计数据的安全和可靠。

第四节　智能化会计与传统会计的区别

一、工作方式

在会计信息处理领域，传统会计与智能化会计的工作方式存在显著差异。传统会计主要依赖人工处理，而智能化会计则通过自动化和智能化技术，极大地提高了工作效率和准确性。

（一）数据处理自动化

传统会计在处理会计信息时，通常需要大量的人工录入、核对和计算。这种工作方式不仅效率低下，而且容易出错。相比之下，智能化会计通过引入自动化技术，实现了数据处理的自动化。智能化会计系统能够自动从各种数据源中抓取、整合和清洗数据，减少了人工操作的需求。同时，智能化会计系统还具备智能识别功能，能够自动识别并处理异常数据，确保数据的准确性和完整性。

（二）智能化决策支持

传统会计在处理完数据后，通常只能提供简单的财务报表和数据分析。而智能化会计则能够利用先进的数据分析技术和算法，对会计数据进行深度挖掘和分析，为企业的决策提供有力支持。智能化会计系统能够自动识别数据中的规律和趋势，预测未来的财务状况和市场变化，帮助企业制定更加精准的战略和计划。此外，智能化会计系统还能够根据企业的需求和偏好，提供个性化的决策支持服务，帮助企业实现更高效、更精准的决策。

（三）实时监控与风险预警

传统会计在处理会计信息时，通常只能进行事后分析和报告。而智能化会计则能够实现实时监控和风险预警。智能化会计系统能够实时监控企业的财务状况和业务活动，及时发现异常情况并发出预警。这种实时监控和风险预警功能，可以帮助企业及时发现并解决问题，避免潜在的风险和损失。

（四）协同工作与信息共享

传统会计在处理会计信息时，往往存在信息孤岛和数据不一致的问题。而智能化会计则能够实现协同工作和信息共享。智能化会计系统能够与其他企业系统（如 ERP、CRM 等）进行无缝对接和集成，实现数据的实时共享和协同处理。这种协同工作和信息共享方式，可以消除信息孤岛和数据不一致的问题，提高数据的准确性和一致性。同时，智能化会计系统还能够支持多用户同时在线操作和数据共享，提高团队协作的效率和效果。

智能化会计在工作方式上相较于传统会计具有显著优势。通过实现数据处理自动化、智能化决策支持、实时监控与风险预警以及协同工作与信息共享等功能，智能化会计能够大大提高会计信息处理的效率和准确性，为企业的财务管理和决策提供有力支持。

二、数据处理

（一）传统会计数据处理的局限

在传统的会计数据处理流程中，会计人员通常需要手动输入、核对和整理大量的财务数据。随着企业规模的扩大和业务复杂性的增加，传统会计数据处理方式已经难以满足现代企业的需求。

（二）大数据技术的引入与变革

大数据技术的引入为智能化会计的数据处理带来了革命性的变革。大数据技术能够处理海量、多样化的数据，包括结构化数据和非结构化数据。在智能化会计中，大数据技术可以自动收集、存储和分析来自各个业务环节的数据，从而实现对会计信息的全面覆盖和深入挖掘。通过大数据技术，智能化会计系统能够实时获取并处理来自各个业务系统的数据，如销售系统、采购系统、生产系统等。这些数据通过清洗、整合和标准化处理，会形成高质量的会计数据资产。这些数据资产不仅提高了会计信息的准确性和可靠性，还为企业的决策分析提供了有力支持。

（三）云计算技术在数据处理中的关键作用

云计算技术为智能化会计的数据处理提供了强大的计算能力和存储能力。云计算平台具有高度的灵活性和可扩展性，能够根据企业的实际需求动态分配计算资源和存储资源。这使得智能化会计系统能够高效处理大规模数据，并快速响应企业的业务需求。在云计算环境下，智能化会计系统可以实现数据的集中存储和管理。通过云存储服务，企业可以将会计数据存储在云端，实现数据的备份和恢复。这不仅降低了企业的数据存储成本，还提高了数据的安全性和可靠性。云计算平台还提供了丰富的数据处理工具和服务。智能化会计系统可以利用这些工具和服务，对数据进行清洗、转换、分析和可视化等操作。这些操作不仅提高了数据处理的效率，还使得会计人员能够更加直观地了解企业的财务状况和经营成果。

（四）智能化会计数据处理的优势

智能化会计数据处理相比传统方式具有显著的优势。首先，智能化会计数据处理实现了自动化和智能化，大大提高了数据处理的效率和准确性。其次，智能化会计数据处理能够实时获取并处理来自各个业务系统的数据，实现了对会计信息的全面覆盖和深入挖掘。这为企业提供了更加准确、全面的财务信息，有助于企业作出更加明智的决策。

此外，智能化会计数据处理还具有高度的灵活性和可扩展性。随着企业业务的发展和变化，智能化会计系统能够快速适应新的业务需求，并为企业提供更加个性化的服务。同时，智能化会计系统还能够与其他系统进行集成和协同工作，实现信息的共享和交换，提高企业的整体运营效率。

三、分析能力

在会计信息处理中，分析能力是评估一个系统或方法是否高效和精准的关键因素。传统会计的分析能力受到人工处理和数据局限性的制约，而智能化会计则借助人工智能技术，显著提升了在数据分析和预测方面的能力。

（一）深度数据挖掘与分析

传统会计在分析数据时，通常受限于固定的分析框架和模式，难以对数据进行深入挖掘。而智能化会计利用 AI 技术，能够实现对会计数据的深度挖掘和分析。通过机器学习算法，智能化会计系统能够自动识别和提取数据中的关键信息和特征，发现数据之间的关联和规律。这种深度数据挖掘能力，使得智能化会计能够为企业提供更加全面、深入的分析结果，帮助企业更好地了解自身的财务状况和业务表现。智能化会计还具备自适应学习的能力。系统可以根据历史数据和业务情况，不断调整和优化分析模型和算法，提高分析的准确性和效率。这种自适应学习能力，使得智能化会计能够持续为企业提供高质量的分析服务，满足企业不断变化的需求。

（二）智能预测与趋势分析

传统会计在分析数据时，往往只能提供对过去财务情况的总结和分析。而智能化会计则能够利用 AI 技术，实现对未来财务状况的预测和趋势分析。

通过预测模型和算法，智能化会计系统能够根据历史数据和当前业务情况，预测未来的财务表现和市场变化。这种智能预测能力，可以帮助企业提前了解潜在的风险和机会，制定更加精准的战略和计划。智能化会计还能够对财务数据进行趋势分析。系统可以自动识别数据中的趋势和模式，分析财务数据的长期变化和规律。这种趋势分析能力，可以帮助企业更好地了解自身的财务状况和业务发展趋势，为企业的长期规划提供有力支持。

（三）多维度分析与可视化展示

传统会计在分析数据时，通常只能提供单一维度的分析结果。而智能化会计则能够利用 AI 技术，实现多维度分析和可视化展示。通过数据可视化技术，智能化会计系统可以将复杂的财务数据以直观、易懂的方式呈现出来。这种可视化展示方式，可以帮助用户快速理解和分析数据，发现数据中的规律和趋势。智能化会计还支持多维度分析。系统可以从不同的角度和维度对会计数据进行分析，如时间维度、部门维度、产品维度等。这种多维度分析能力，可以帮助企业全面了解自身的财务状况和业务表现，发现不同维度之间的关联和差异。这种全面的分析能力，使得智能化会计能够为企业提供更加全面、深入的分析结果，为企业的决策提供更加全面、准确的支持。

智能化会计在分析能力上相较于传统会计具有显著优势。通过深度数据挖掘与分析、智能预测与趋势分析以及多维度分析与可视化展示等功能，智能化会计能够为企业提供更加全面、深入、精准的分析结果，帮助企业更好地了解自身的财务状况和业务表现，为企业的决策提供更加有力、可靠的支持。

四、决策支持

（一）传统会计的决策支持局限

在传统会计模式下，会计信息主要关注历史数据的记录和报告，为管理层提供基础的财务信息。然而，这种基于历史数据的决策支持方式存在明显的局限性。它无法实时反映企业的运营状况，也难以预测未来的发展趋势，因此难以满足现代企业对于快速、准确决策的需求。

（二）智能化会计的决策支持转变

智能化会计通过运用先进的信息技术，实现了对会计信息的实时收集、处理和分析，从而为企业的决策提供了全面、及时、准确的支持。它不仅能够提供基础的财务信息，还能够结合市场、行业等多方面的数据，为企业的战略规划和经营决策提供更加深入的分析和预测。

（三）实时数据分析与预测

智能化会计系统能够实时收集来自各个业务系统的数据，包括销售、采购、生产等各个环节的信息。通过对这些数据的实时分析和处理，智能化会计系统能够为企业提供实时的财务状况和经营成果报告。同时，它还能够运用预测分析技术，根据历史数据和当前趋势，预测未来的发展趋势和潜在风险，为企业制订未来的战略规划和经营计划提供参考。

（四）多维度数据分析与可视化

智能化会计系统能够处理和分析来自多个维度的数据，包括时间、部门、产品、客户等多个方面。通过对这些数据的综合分析，智能化会计系统能够为企业提供更加全面、深入的财务和业务信息。同时，它还能够运用可视化技术，将这些信息以图表、图形等形式展现出来，使得数据更加直观、易于理解。

（五）智能化会计在决策支持中的优势

智能化会计在决策支持方面具有显著的优势。首先，它能够提供实时、准确的数据支持，使得企业能够更加快速地作出决策。其次，它能够提供多维度的数据分析和可视化展示，使得企业能够更加全面地了解自身的运营状况和市场环境。此外，智能化会计还能够结合市场、行业等多方面的数据，为企业的战略规划和经营决策提供更加深入的分析和预测。

智能化会计通过实时数据分析与预测、多维度数据分析与可视化等功能，为企业的决策提供了全面、及时、准确的支持。这种全面赋能的决策支持方式不仅提高了企业的决策效率和准确性，还为企业的发展提供了有力的保障。

五、风险控制

在会计信息处理中，风险控制是至关重要的一环。传统会计在风险控制上往往受限于人工处理和有限的工具，而智能化会计通过引入先进的技术手段，显著降低了财务风险和业务风险。

（一）自动化监控与实时预警

智能化会计系统具备自动化监控和实时预警的能力，能够实时监控企业的财务状况和业务活动，及时发现异常情况并发出预警。这种实时监控和预警功能，使得企业能够迅速响应并处理潜在的风险事件，避免风险的进一步扩大。通过设定风险阈值和规则，智能化会计系统能够自动触发预警机制，提醒相关人员关注风险点，并采取相应的风险控制措施。

（二）智能化风险评估与预测

智能化会计系统能够利用先进的数据分析技术和算法，对企业的财务风险进行智能化评估和预测。通过对历史数据和当前业务情况的分析，系统能够识别出潜在的风险点，并评估其可能性和影响程度。这种智能化风险评估和预测功能，帮助企业更加准确地了解自身面临的风险情况，为制定风险控制策略提供有力支持。同时，系统还可以根据预测结果，提前采取相应的风险控制措施，降低风险发生的可能性。

（三）多维度风险分析与可视化展示

智能化会计系统支持多维度风险分析和可视化展示，能够从不同的角度和维度对企业的财务风险进行全面分析。通过数据可视化技术，系统可以将复杂的风险数据以直观、易懂的方式呈现出来，帮助用户快速理解和分析风险情况。这种多维度风险分析和可视化展示功能，使得企业能够全面了解自身的风险状况，发现不同风险之间的关联和差异，为制定更加精准的风险控制策略提供有力支持。

（四）合规性检查与自动化审计

智能化会计系统还具备合规性检查和自动化审计的能力。系统可以自动检查企业的财务数据是否符合相关法规和会计准则的要求，及时发现违规行为和错误。通过自动化审计功能，系统可以自动检查企业的财务报表和业务流程，确保其合规性和准确性。这种合规性检查和自动化审计功能，不仅降低了企业的合规风险，还提高了审计的效率和准确性。同时，系统还可以生成合规性报告和审计报告，为企业提供全面的合规性支持。

智能化会计在风险控制方面相较于传统会计具有显著优势。通过自动化监控与实时预警、智能化风险评估与预测、多维度风险分析与可视化展示以及合规性检查与自动化审计等功能，智能化会计能够显著降低企业的财务风险和业务风险。这些优势使得智能化会计成为企业降低风险、提高财务管理水平的重要工具。

第二章　大数据在会计信息处理中的应用

第一节　大数据技术的特点

一、海量数据

（一）传统数据处理工具的局限

在会计信息处理的传统领域中，数据处理工具往往受限于其处理能力和存储容量的限制。随着企业业务的不断拓展和市场的不断扩大，所产生的会计数据量呈现爆炸式增长。传统的数据处理工具在面对海量数据时，往往显得力不从心，无法高效、准确地完成数据的收集、存储、分析和应用。

（二）大数据技术的崛起

大数据技术的崛起为海量数据的处理带来了全新的解决方案。大数据技术具有强大的数据处理能力和存储容量，能够轻松应对海量数据的挑战。通过分布式存储和并行计算等技术，大数据技术能够实现对海量数据的快速处理和分析，为会计信息智能化处理提供了有力的支持。

（三）人数据技术在会计信息处理中的应用

在会计信息处理中，大数据技术可以应用于多个方面。首先，大数据技术可以实现对海量数据的实时收集。通过构建完善的数据采集系统，大数据技术能够实时捕获来自各个业务环节的数据，确保会计信息的及时性和准确性。其次，大数据技术可以实现对海量数据的存储和管理。通过构建高性能的数据仓库和数据湖，大数据技术能够实现对海量数据的统一存储和管理，为会计信息的查询和分析提供便捷的途径。此外，大数据技术还可以应用于会计信息的分析和预测。通过对海量数据的深度挖掘和分析，大数据技术可以发现数据中的规律和趋势，为企业的决策提供有力支持。

（四）大数据技术对会计信息智能化处理的推动作用

大数据技术的引入为会计信息智能化处理带来了革命性的变革。首先，大数据技术提高了会计信息处理的效率。通过实时收集和处理海量数据，大数据技术能够迅速生成准确的会计报告和分析结果，为企业提供及时的决策支持。其次，大数据技术丰富了会计信息的内容。通过深入挖掘和分析海量数据，大数据技术可以发现更多的有价值的信息，为企业的战略规划和经营决策提供更加全面的参考。此外，大数据技术还提高了会计信息的质量。通过自动化和智能化的处理流程，大数据技术能够减少人为干预和错误，提高会计信息的准确性和可靠性。

大数据技术也推动了会计信息处理方式的创新。在大数据技术的支持下，会计信息处理方式不再局限于传统的报表和图表形式，而是可以通过更加直观、易于理解的可视化方式展示会计信息。这有助于企业更加深入地了解自身的运营状况和市场环境，为决策提供更加有力的支持。大数据技术还促进了会计信息处理与其他业务领域的融合。在大数据技术的支持下，会计信息处理可以与其他业务系统进行集成和协同工作，实现信息的共享和交换。这有助于打破部门之间的信息壁垒，从而提高企业的整体运营效率。

大数据技术为会计信息智能化处理提供了强大的支持。通过处理海量数据，大数据技术为会计信息处理带来了更高的效率、更丰富的内容和更高的质量。同时，大数据技术也推动了会计信息处理方式的创新和与其他业务领域的融合。

二、多样性

在会计信息智能化处理的过程中，数据多样性是一个显著的特点。智能化会计系统不仅能够处理传统的结构化数据，还能够涵盖半结构化和非结构化数据，其数据来源广泛，为企业提供了更为全面、深入的分析视角。

（一）结构化数据的精准处理

结构化数据是指具有固定格式和预定义字段的数据，如财务报表、会计记录等。智能化会计系统具备高效处理结构化数据的能力，能够自动提取、分类和整理这些数据，确保数据的准确性和完整性。通过对结构化数据的精准处理，智能化会计系统能够为企业提供准确的财务数据分析和报告，帮助企业了解自身的财务状况和经营成果。

（二）半结构化数据的智能解析

半结构化数据是指具有一定结构但不如结构化数据那样严格的数据，如电子邮件、文档等。这些数据中包含了大量的有价值信息，但往往难以直接用于传统的会计分析。智能化会计系统通过采用自然语言处理技术和文本挖掘技术，能够智能解析半结构化数据中的文本信息，提取出与企业财务状况相关的关键数据。这种智能解析能力使得智能化会计系统能够充分利用半结构化数据中的信息，为企业提供更全面的财务分析支持。

（三）非结构化数据的价值挖掘

非结构化数据是指没有固定格式和预定义字段的数据，如社交媒体帖子、图片、视频等。这些数据虽然难以直接用于会计分析，但它们往往蕴含着丰富的市场信息和消费者行为数据。智能化会计系统通过采用图像识别、语音识别和大数据分析技术，能够挖掘非结构化数据中的有价值信息，为企业提供市场趋势预测、消费者行为分析等方面的支持。这种对非结构化数据的价值挖掘能力，使得智能化会计系统能够更好地满足企业在市场分析和消费者洞察方面的需求。

（四）多源数据的整合与分析

智能化会计系统能够整合来自不同来源的多样化数据，包括企业内部数据、外部市场数据、社交媒体数据等。通过对这些多源数据的整合与分析，智能化会计系统能够为企业提供更全面、深入的数据支持，帮助企业发现数据之间的关联和规律，为企业的决策提供有力支持。此外，智能化会计系统还能够根据企业的需求和偏好，定制数据整合和分析方案，为企业提供个性化的数据支持服务。

智能化会计在处理多样化数据方面具有显著优势。它不仅能够处理传统的结构化数据，还能够涵盖半结构化和非结构化数据，实现多源数据的整合与分析。这种数据多样性处理能力使得智能化会计能够为企业提供更全面、深入的数据支持，帮助企业更好地了解自身的财务状况、市场趋势和消费者行为，为企业的决策提供有力支持。随着技术的不断发展和完善，智能化会计在处理多样化数据方面的能力将会得到进一步提升，为企业的可持续发展注入新的动力。

三、实时性

（一）实时数据流处理的必要性

在现代商业环境中，企业面临着日益激烈的市场竞争和快速变化的市场环境。为了保持竞争优势，企业需要能够快速响应市场变化并作出决策。这就要求会计信息处理系统能够支持实时数据流处理，确保会计信息的实时性和准确性。实时数据流处理能够满足企业对于快速响应需求的要求，帮助企业及时捕捉市场机会，规避潜在风险。

（二）实时数据流处理技术的实现

实时数据流处理技术通过采用分布式计算、流处理框架等技术手段，实现了对实时数据的高效处理和分析。这些技术能够实时捕获、处理和分析来自各个业务系统的数据流，确保会计信息的实时更新和准确性。通过实时数据流处理技术，企业可以实时了解自身的财务状况和经营成果，为决策提供及时、准确的信息支持。

（三）实时性对会计信息质量的影响

实时性对于会计信息质量具有重要影响。传统会计信息处理系统往往存在信息滞后的问题，导致企业无法及时了解自身的财务状况和经营成果。而实时数据流处理技术能够实时更新会计信息，确保信息的准确性和时效性。这有助于企业更加准确地了解自身的运营状况和市场环境，为决策提供有力支持。

（四）实时数据流处理在业务决策中的应用

实时数据流处理在业务决策中发挥着重要作用。通过实时捕获和分析来自各个业务系统的数据流，企业可以实时了解业务运行状况，及时发现问题并采取相应措施。例如，在销售领域，企业可以通过实时数据流处理技术实时了解销售额、销售渠道、客户反馈等信息，为销售策略的调整提供依据。在采购领域，企业可以通过实时数据流处理技术实时了解供应商信息、原材料价格、库存状况等，为采购计划的制定提供参考。在财务领域，企业可以通过实时数据流处理技术实时了解资金流动情况、财务报表等信息。

（五）实时数据流处理对企业管理的影响

实时数据流处理不仅影响会计信息处理的质量，还对整个企业的管理产生深远影响。首先，实时数据流处理提高了企业的响应速度。通过实时捕获和分析数据，企业能够更快地发现问题并采取措施，减少了因信息滞后而导致的损失。其次，实时数据流处理促进了企业内部信息的共享和协同。各部门可以实时获取所需的会计信息，加强内部沟通和协作，提高整体运营效率。此外，实时数据流处理还有助于企业优化资源配置和降低运营成本。通过实时分析数据，企业可以更加准确地预测市场需求和资源需求，从而制定更加合理的生产计划和采购计划，降低库存成本和运营成本。

实时数据流处理是会计信息智能化处理的关键要素之一。通过支持实时数据流处理，会计信息处理系统能够实时捕获和分析数据，为企业的决策提供及时、准确的信息支持。这不仅提高了会计信息的质量，还促进了企业内部信息的共享和协同，提高了整体运营效率。

四、价值密度低带来的挑战

在会计信息智能化处理的过程中，一个显著的特点是数据总量庞大，但单条数据的价值密度相对较低。这一特点要求会计信息系统不仅要有处理大量数据的能力，还需要具备高效的数据筛选、分析和提炼技术，以从海量数据中提取出有价值的信息。

（一）数据量的爆炸式增长

随着企业业务的不断扩展和技术的不断进步，会计信息的生成和收集能力得到了极大的提升，导致数据量的爆炸式增长。然而，并非所有数据都具有同等的价值，大量数据的存在使得单条数据的价值密度降低。智能化会计系统需要能够处理这种庞大的数据量，并通过高效的数据存储和管理技术，确保数据的完整性和可访问性。

（二）数据筛选与过滤

在海量数据中筛选出有价值的信息是会计信息智能化处理的关键环节。智能化会计系统需要运用先进的数据挖掘和机器学习技术，对大量数据进行自动筛选和过滤，去除冗余和无关的数据，留下对企业决策有重要影响的关键信息。

（三）数据分析与提炼

在筛选出有价值的数据后，智能化会计系统还需要运用先进的数据分析技术，对这些数据进行深入的分析和提炼。通过对数据的统计分析、趋势预测和关联性分析等，智能化会计系统能够发现数据之间的关联和规律，为企业提供深入的财务和业务洞察。这种深入的数据分析和提炼能力，使得智能化会计系统能够从海量数据中提取出有价值的信息。

（四）数据可视化与呈现

由于单条数据的价值密度较低，智能化会计系统还需要通过数据可视化技术，将分析结果以直观、易懂的方式呈现给用户。通过图表、图像和动画等多种形式，智能化会计系统能够将复杂的财务数据和信息转化为易于理解的视觉元素，帮助用户快速理解和分析数据中的关键信息和规律。这种数据可视化与呈现能力，能够提升用户对数据的感知和理解能力，进一步增强会计信息的价值。

（五）持续优化与改进

面对低价值密度数据的挑战，智能化会计系统需要持续优化和改进其数据处理和分析能力。通过收集用户反馈、分析系统性能和使用情况等方式，智能化会计系统能够不断优化其算法和模型，提高数据处理的效率和准确性。同时，智能化会计系统还需要关注新技术和新方法的发展动态，及时将其应用到系统中，以保持系统的先进性和竞争力。这种持续优化和改进的能力，使得智能化会计系统能够不断适应变化的市场需求和业务需求。

会计信息智能化处理在面对低价值密度数据的挑战时，需要运用先进的技术和方法，提高数据处理的效率和准确性，从海量数据中提取出有价值的信息。通过数据筛选与过滤、数据分析与提炼、数据可视化与呈现以及持续优化与改进等策略，智能化会计系统能够为企业提供更全面、深入、准确的会计信息支持，帮助企业在竞争激烈的市场环境中保持领先地位。

第二节 大数据在会计数据采集中的作用

一、扩展数据源

（一）数据源扩展的必要性

随着信息技术的飞速发展，企业面临的市场环境和商业模式日益复杂多变。为了全面、准确地掌握企业的财务状况和经营成果，会计信息处理系统需要涵盖更多元化的数据源。传统的数据源，如企业内部的财务数据、财务报表等，虽然能够提供基本的会计信息，但在当前复杂多变的市场环境下，已难以满足企业对于全面、准确信息的需求。因此，扩展数据源成了会计信息智能化处理的重要趋势。

（二）社交媒体数据的价值

社交媒体数据作为一类重要的非结构化数据源，蕴含着丰富的商业信息。通过社交媒体平台，用户可以分享自己的消费体验、观点、需求等信息，这些信息对于企业了解市场动态、消费者行为等具有重要的参考价值。会计信息处理系统可以通过网络爬虫等技术手段，实时捕获和分析社交媒体数据，提取出与企业财务和经营相关的有用信息，为企业的决策提供有力支持。

（三）网络爬虫技术的应用

网络爬虫技术是一种自动从互联网上收集信息的技术手段。在会计信息智能化处理中，应用网络爬虫技术可以从互联网上收集各种与企业财务和经营相关的数据。通过网络爬虫技术，会计信息处理系统可以自动抓取来自各种网站、论坛、博客等的数据，包括新闻报道、行业分析、竞争对手信息等。这些数据可以为企业的决策提供更加全面的参考。

（四）扩展数据源对会计信息处理的影响

扩展数据源对会计信息处理产生了深远的影响。首先，扩展数据源丰富了会计信息的来源。通过涵盖社交媒体、网络爬虫等多元化数据源，会计信息处理系统能够获取到更加全面、准确的信息，为企业的决策提供有力支持。其次，扩展数据源提高了会计信息的时效性。社交媒体和网络爬虫技术能够实时捕获和分析数据，确保会计信息的实时更新和准确性。这有助于企业及时了解市场动态和竞争对手情况，作出更加明智的决策。此外，扩展数据源还促进了会计信息处理方式的创新。传统会计信息处理系统主要依赖于结构化数据，而扩展数据源则包含了大量的非结构化数据。这就要求会计信息处理系统能够采用新的数据处理和分析技术，如自然语言处理、机器学习等，来处理和分析这些非结构化数据。这不仅提高了会计信息处理的效率和准确性，还为企业提供了更多的数据分析和挖掘机会。

扩展数据源还推动了会计信息的可视化展示。通过将社交媒体和网络爬虫数据与企业内部财务数据相结合，可以生成更加丰富、直观的可视化图表和报告。这些可视化图表和报告能够直观地展示企业的财务状况、经营成果和市场动态等信息。

扩展数据源是会计信息智能化处理的重要趋势之一。通过涵盖社交媒体等多元化数据源，会计信息处理系统能够获取到更加全面、准确的信息，为企业的决策提供有力支持。同时，扩展数据源还促进了会计信息处理方式的创新和可视化展示的发展，提高了会计信息处理的效率和准确性。

二、提升数据质量

在会计信息智能化处理的过程中，数据质量是确保分析结果准确性和可靠性的基础。通过自动化清洗和校验数据，会计信息智能化处理系统能够显著减少人工错误，提高数据质量，为企业提供更可靠的决策支持。

（一）自动化数据清洗

数据清洗是提升数据质量的首要步骤，旨在消除数据中的噪声、错误和异常值。在会计信息智能化处理中，自动化数据清洗功能能够自动识别和修正数据中的错误和异常，减少人工介入的需要。通过预设的清洗规则和算法，系统能够自动检查数据的完整性、一致性和准确性，并对不符合要求的数据进行标记、修正或删除。这种自动化数据清洗的方式不仅提高了数据处理的效率，还能够确保数据质量的稳定性和一致性。

（二）数据格式统一化

在会计信息处理中，不同来源的数据往往具有不同的格式和结构，这会给数据处理和分析带来困难。智能化会计系统通过数据格式统一化功能，能够将不同格式的数据转化为统一的格式和结构，方便后续的数据处理和分析。系统能够自动识别并转换各种数据格式，如文本、数字、日期等，并统一存储和管理数据。这种数据格式统一化的方式不仅能够提高数据处理的效率，还能够减少因格式不一致导致的错误和混淆。

（三）数据校验

数据校验是确保数据准确性和可靠性的重要环节。在会计信息智能化处理中，系统通过预设的校验规则和算法，对输入的数据进行自动校验。这些校验规则可以基于业务逻辑、数据范围、数据关联等多个维度进行设定，以确保数据的准确性和完整性。当数据不符合校验规则时，系统会发出警告或错误提示，提醒用户进行修正。通过数据校验，智能化会计系统能够显著降低数据错误的风险，提高数据质量。

（四）持续优化与改进

随着企业业务的不断发展和变化，会计信息的处理需求也会不断调整和变化。智能化会计系统需要持续优化和改进其数据处理和校验功能，以适应不断变化的业务需求。系统可以通过收集用户反馈、分析系统性能和使用情况等方式，了解用户在使用过程中的问题和需求，并据此进行功能优化和改进。同时，系统还可以关注新技术和新方法的发展动态，及时将其应用到数据处理和校验中，以提高数据处理的效率和准确性。这种持续优化的能力使得智能化会计系统能够不断适应变化的市场环境，为企业提供更可靠、更高效的会计信息处理服务。

会计信息智能化处理在提升数据质量方面发挥着重要作用。通过自动化数据清洗、数据格式统一化、数据校验以及持续优化等策略，智能化会计系统能够显著提高数据质量，减少人工错误，为企业提供更可靠的决策支持。

三、实时更新数据

（一）实时更新数据的意义

在会计信息智能化处理中，实时更新数据是确保信息时效性的关键。随着市场竞争的加剧和企业运营环境的快速变化，企业对于信息的时效性要求越来越高。实时更新数据能够确保企业随时获取最新的财务信息，为决策提供及时、准确的数据支持。这对于企业的日常运营、风险控制、战略规划等方面都具有重要意义。

（二）实时数据流处理技术的应用

为了实现数据的实时更新，会计信息处理系统需要采用实时数据流处理技术。这种技术能够实时捕获、处理和分析来自各个数据源的数据流，确保数据的实时同步和更新。通过实时数据流处理技术，企业可以实时了解自身的财务状况、经营成果以及市场动态等信息，为决策提供实时支持。

（三）实时更新数据对会计信息质量的影响

实时更新数据对会计信息质量具有重要影响。首先，实时更新数据能够确保会计信息的时效性。在快速变化的市场环境中，只有及时获取最新的数据，才能作出准确的决策。其次，实时更新数据能够提高会计信息的准确性。通过实时捕获和处理数据，可以及时发现并纠正数据中的错误和偏差，确保会计信息的准确性。此外，实时更新数据还能够丰富会计信息的内容。通过实时数据流处理技术，可以获取到更多的非结构化数据，如社交媒体数据、网络爬虫数据等，为企业的决策提供更加全面、深入的参考。

（四）实时更新数据在业务决策中的应用

实时更新数据在业务决策中发挥着重要作用。通过实时捕获和分析数据，企业可以及时了解市场动态和竞争对手情况，为业务决策提供有力支持。例如，在销售领域，企业可以实时了解销售额、销售渠道、客户反馈等信息，为销售策略的调整提供依据。在采购领域，企业可以实时了解供应商信息、原材料价格、库存状况等，为采购计划的制订提供参考。在财务领域，企业可以实时了解资金流动情况、财务报表等信息，为财务决策提供支持。实时更新数据还能够帮助企业及时发现潜在的风险和问题，并采取相应的措施加以应对，降低风险对企业的影响。

（五）实时更新数据对企业管理的促进作用

实时更新数据不仅影响会计信息处理的质量，还对整个企业的管理产生深远影响。首先，实时更新数据提高了企业的响应速度。通过实时捕获和分析数据，企业能够更快地发现问题并采取措施，提高了企业的运营效率。其次，实时更新数据促进了企业内部信息的共享和协同。各部门可以实时获取所需的会计信息，加强了内部沟通和协作，提高了整体运营效率。此外，实时更新数据还有助于企业优化资源配置和降低运营成本。通过实时分析数据，企业可以更加准确地预测市场需求和资源需求，从而制订更加合理的生产计划和采购计划，降低库存成本和运营成本。

同时，实时更新数据还推动了企业对于市场变化的快速响应能力。在竞争激烈的市场环境中，企业需要能够快速适应市场变化并作出相应调整。实时更新数据能够确保企业随时掌握市场动态和竞争对手的情况，为企业提供了宝贵的市场情报和竞争优势。

实时更新数据是会计信息智能化处理中的关键要素之一。通过实时数据流处理技术的应用，企业可以实现数据的实时同步和更新，确保信息的时效性。实时更新数据不仅提高了会计信息的质量，也促进了企业内部信息的共享和协同，提高了企业的响应速度和运营效率。随着技术的不断发展和完善，相信实时更新数据将在会计信息智能化处理中发挥更加重要的作用。

四、保证数据安全性

在会计信息智能化处理中，数据安全性是至关重要的一环。随着企业数据量的不断增长和数据处理技术的不断进步，如何确保数据在采集、存储、传输和使用过程中的安全性，成为企业面临的重要挑战。加密和备份机制访问控制策略，安全漏洞管理是确保数据采集过程安全性的重要措施。

（一）数据加密技术

数据加密技术是保护数据安全性的重要手段之一。在会计信息智能化处理中，系统采用先进的加密技术，对敏感数据进行加密处理，以防止数据在传输过程中被窃取或篡改。通过数据加密，即使数据被截获，攻击者也无法轻易获取其中的敏感信息，从而保障了数据的安全性。此外，系统还可以根据数据的不同敏感级别，采用不同强度的加密算法，以提供更加灵活和可靠的数据保护。

（二）数据备份与恢复机制

数据备份与恢复机制是保障数据安全性的另一项重要措施。在会计信息智能化处理中，系统建立了完善的数据备份与恢复机制，定期对重要数据进行备份，并存储在安全可靠的地方。当数据发生丢失、损坏或被恶意篡改时，系统可以快速地从备份中恢复数据，保证业务的正常运行。同时，系统还具备灾难恢复能力，在面临严重故障或自然灾害时，能够迅速恢复数据和服务，减少企业的损失。

（三）访问控制策略

访问控制策略是防止未经授权访问数据的有效手段。在会计信息智能化处理中，系统建立了严格的访问控制策略，对数据的访问权限进行精细化管理。通过设定不同的权限级别和访问控制规则，系统可以确保只有经过授权的用户才能访问和操作数据。此外，系统还具备审计和日志记录功能，可以记录用户对数据的访问和操作行为，为后续的安全审计和溯源提供支持。

（四）安全漏洞管理

安全漏洞是威胁数据安全性的重要因素之一。为了及时发现和修复安全漏洞，会计信息智能化处理系统建立了完善的安全漏洞管理机制。系统通过定期的安全扫描和漏洞检测，可以发现潜在的安全隐患和漏洞，并及时进行修复和加固。同时，系统还关注最新的安全漏洞信息和攻击手段，及时更新安全策略和防护措施，以应对不断变化的安全威胁。会计信息智能化处理系统还可以采用其他技术手段来保障数据的安全性。例如，采用虚拟化技术实现数据隔离和保护，利用云计算和大数据技术提高数据处理和存储的安全性，采用多因素认证和生物识别技术提高用户身份认证的安全性等。这些技术手段可以相互补充和配合，形成更加完善的数据安全保护体系。

会计信息智能化处理在保证数据安全性方面采取了多项措施。通过数据加密技术、数据备份与恢复机制、访问控制策略和安全漏洞管理等手段，系统能够确保数据在采集、存储、传输和使用过程中的安全性。

第三节 大数据在会计数据分析中的应用

一、数据挖掘

（一）数据挖掘的重要性

在会计信息智能化处理中，数据挖掘占据了举足轻重的地位。随着企业数据量的爆炸式增长，如何从海量数据中提取有价值的信息，成为企业决策和运营的关键。数据挖掘技术通过先进的算法和模型，能够深入剖析数据之间的内在联系和潜在规律，从而发现数据中的潜在价值和规律，为企业的决策和运营提供有力支持。

（二）数据挖掘的过程

数据挖掘是一个复杂而系统的过程，通常包括数据准备、数据探索、模型建立、模型评估和应用部署等阶段。在数据准备阶段，需要对原始数据进行清洗、整合和转换，以确保数据的质量和准确性。在数据探索阶段，通过对数据的初步分析，了解数据的分布、特征和相关性，为后续建模提供基础。在模型建立阶段，根据数据的特点和需求，选择合适的算法和模型进行建模。

在模型评估阶段，对建立的模型进行验证和评估，确保其准确性和有效性。最后，在应用部署阶段，将模型应用于实际业务，实现数据的智能化处理。

（三）数据挖掘在会计信息处理中的应用

在会计信息处理中，数据挖掘技术可以应用于多个方面。首先，数据挖掘可以帮助企业发现财务数据中的潜在规律和趋势。通过对历史财务数据的分析，可以发现企业的财务状况、经营成果和市场地位等方面的变化规律。其次，数据挖掘可以帮助企业识别财务风险和机会。通过对财务数据的深入挖掘和分析，可以发现潜在的财务风险和机会，为企业的风险管理和投资决策提供有力支持。此外，数据挖掘还可以帮助企业优化资源配置和降低成本。通过对生产、采购、销售等各个环节的数据进行分析，可以发现资源利用效率低下的环节，并采取相应的措施进行优化，从而降低企业的运营成本。

（四）数据挖掘对会计信息智能化处理的推动作用

数据挖掘技术对会计信息智能化处理产生了深远的推动作用。首先，数据挖掘提高了会计信息的价值。通过对数据的深入挖掘和分析，可以发现数据中的潜在价值和规律，使会计信息不再仅仅停留在表面的数字层面，而是能够揭示出数据背后的深层含义和价值。其次，数据挖掘促进了会计信息的智能化处理。通过数据挖掘技术，可以实现对会计信息的自动化处理和分析，提高会计信息的处理效率和准确性。同时，数据挖掘还可以为企业的决策提供智能化支持，帮助企业作出更加明智和精准的决策。此外，数据挖掘还推动了会计信息处理技术的创新和发展。随着数据挖掘技术的不断发展和完善，新的算法和模型不断涌现，为会计信息处理提供了更多的可能性和选择。这些新的技术和方法不仅可以提高会计信息的处理效率和准确性，还可以为企业带来更多的商业机会和价值。

数据挖掘是会计信息智能化处理中的重要环节。通过数据挖掘技术，可以深入剖析数据之间的内在联系和潜在规律，发现数据中的潜在价值和规律，为企业的决策和运营提供有力支持。同时，数据挖掘还推动了会计信息处理技术的创新和发展，为企业的未来发展注入了新的动力。

二、趋势预测

（一）趋势预测的重要性

在会计信息智能化处理中，趋势预测扮演着至关重要的角色。随着企业经营活动的不断发展和市场环境的快速变化，企业对于未来发展趋势的准确预测变得尤为关键。趋势预测不仅能够帮助企业提前洞察市场变化，还能够为企业制定战略规划和决策提供有力的数据支持。通过深入分析历史数据，利用先进的预测模型和算法，企业可以准确预测未来的财务状况、经营成果和市场趋势，为企业的可持续发展奠定坚实基础。

（二）趋势预测的方法与工具

趋势预测需要借助一系列科学的方法和工具来实现。首先，数据收集是趋势预测的基础。企业需要收集涵盖财务、市场、竞争对手等多方面的历史数据，以确保预测结果的全面性和准确性。其次，数据分析是趋势预测的核心环节。通过对历史数据的深入分析，企业可以识别出数据中的规律、趋势和异常值，为预测模型的建立提供有力支持。在数据分析过程中，企业可以采用各种统计方法、数据挖掘技术和机器学习算法等，以提高分析的准确性和效率。在趋势预测的工具方面，企业可以选择多种预测模型和软件来实现。例如，时间序列分析模型可以基于历史数据的时间序列特征来预测未来的发展趋势；回归分析模型可以通过分析变量之间的相关性来预测未来的数值；神经网络和深度学习等机器学习算法则可以自动学习数据中的规律和特征，并生成高精度的预测结果。这些预测工具各有特点，企业可以根据自身的需求和数据特点选择合适的工具进行预测。

（三）趋势预测在会计信息处理中的应用

趋势预测在会计信息处理中具有广泛的应用价值。首先，在财务分析方面，趋势预测可以帮助企业预测未来的财务状况和经营成果。通过对历史财务数据的分析，企业可以预测未来的收入、成本、利润等关键财务指标，为企业的财务规划和决策提供依据。其次，在风险管理方面，趋势预测可以帮助企业识别潜在的风险并制定相应的风险应对措施。例如，通过对市场趋势的预测，企业可以提前洞察市场变化并调整产品策略和销售策略以降低市场风险。此外，在战略规划方面，趋势预测还可以帮助企业制定长期的发展规划和目标。通过对行业趋势和市场趋势的预测，企业可以了解未来的市场机会和挑战并制定相应的战略规划以抓住机遇、应对挑战。

（四）趋势预测对会计信息智能化处理的推动作用

趋势预测对会计信息智能化处理产生了积极的推动作用。首先，趋势预测提高了会计信息的价值。通过预测未来的财务状况和经营成果等关键信息，趋势预测为企业的决策提供了更加全面和准确的数据支持。这使得企业能够更加精准地把握市场机遇并应对挑战，从而提高企业的竞争力和盈利能力。其次，趋势预测促进了会计信息处理技术的创新和发展。随着预测技术的不断发展和完善，新的预测方法和工具不断涌现，为会计信息处理提供了更多的可能性。这些新的技术和方法不仅提高了预测的准确性和效率，还为企业带来了更多的商业机会和价值。最后，趋势预测还推动了企业对于未来发展趋势的深入思考和洞察，这使得企业能够更加主动地应对市场变化，抓住未来的发展机遇。

三、关联分析

在会计信息智能化处理中，关联分析是一项至关重要的技术，它能够深入分析不同数据项之间的关联关系，从而揭示出潜在的商业风险和机会。

（一）数据关联关系的识别

关联分析的首要任务是识别不同数据项之间的关联关系。在会计信息智能化处理系统中，通过采用各种数据挖掘和统计分析技术，如相关性分析、聚类分析、关联规则挖掘等，系统能够自动发现数据之间的关联模式。这些关联模式可能表现为数据项之间的强相关性、相似趋势或周期性变化等，为后续的决策支持提供重要依据。

（二）潜在风险的提示

通过关联分析，会计信息智能化处理系统能够提示出潜在的商业风险。例如，系统可以分析销售数据、库存数据、财务数据等多个维度的数据项，发现它们之间的异常关联或不一致性，从而预测出潜在的市场风险、财务风险或运营风险。这些预测结果可以为企业制定风险管理策略、优化业务流程提供有力支持。

（三）业务信息的获取

除了提示潜在风险，关联分析还能够为企业提供深入的业务洞察。通过分析不同数据项之间的关联关系，系统可以发现数据中的隐藏规律和趋势，从而揭示出企业的业务模式、市场定位、竞争态势等方面的信息。这些信息对于企业的战略规划、市场策略制定和业务优化具有重要的指导意义。

（四）异常检测的强化

关联分析在异常检测方面也具有重要的应用价值。通过对比历史数据和当前数据之间的关联关系，系统可以识别出数据中的异常变化或偏离正常模式的行为。这些异常变化可能意味着潜在的问题或机会，需要企业及时关注和处理。通过关联分析进行异常检测，企业可以更加准确地把握市场动态和业务状况，提高决策的及时性和准确性。

（五）预测能力的增强

关联分析还可以增强会计信息智能化处理系统的预测能力。通过分析不同数据项之间的关联关系，系统可以建立预测模型，对未来的数据趋势进行预测。这些预测结果可以为企业制定长期规划、调整业务策略提供重要参考。同时，系统还可以根据预测结果自动调整数据处理和分析的参数，提高数据处理的效率和准确性。在关联分析的过程中，会计信息智能化处理系统需要充分考虑数据的多样性和复杂性。不同企业、不同行业的数据具有不同的特点和规律，需要采用不同的关联分析方法和技术。因此，系统需要具备灵活性和可扩展性，能够根据企业的实际需求进行定制和优化。

关联分析的结果需要以直观、易懂的方式呈现给用户。系统可以采用可视化技术将分析结果以图表、图像等形式展示出来，帮助用户更好地理解数据中的关联关系和潜在风险。同时，系统还可以提供交互式的数据探索工具，允许用户自行调整分析参数，观察不同维度的数据关系。

关联分析是会计信息智能化处理中的重要环节之一。通过识别数据关联关系、揭示潜在风险、获取业务洞察、强化异常检测和增强预测能力等方面的应用，关联分析能够为企业提供更加全面、深入和准确的会计信息支持。

四、异常检测

（一）异常检测的重要性

在会计信息智能化处理中，异常检测是确保数据准确性和完整性的重要环节。随着企业业务活动的不断扩展和复杂化，数据量的急剧增长使得传统的人工检测方式变得效率低下且容易出错。因此，引入智能化的异常检测技术，实时监测数据变化，快速发现异常行为或模式，对于企业的稳健运营至关重要。异常检测能够帮助企业及时发现潜在的财务问题、业务风险或系统漏洞，从而迅速采取措施进行预防或纠正。通过智能化的异常检测，企业能够确保会计信息的准确性和可靠性，提高决策的有效性，降低经营风险。

（二）异常检测的方法与技术

异常检测的方法与技术多种多样，包括基于统计的方法、基于机器学习的方法以及基于规则的方法等。其中，基于统计的方法主要利用数据的统计特性来识别异常值，如均值、中位数、标准差等；基于机器学习的方法则通过训练模型来学习数据的正常模式，并识别出与正常模式不符的异常数据；基于规则的方法则是根据预设的规则和阈值来判断数据是否异常。在会计信息智能化处理中，可以根据具体的应用场景和数据特点选择合适的异常检测方法。例如，对于财务报表数据的异常检测，可以采用基于统计的方法来分析数据的分布和波动情况；对于交易数据的异常检测，则可以采用基于机器学习的方法来识别异常交易行为。

（三）异常检测在会计信息处理中的应用

异常检测在会计信息处理中具有广泛的应用价值。首先，在财务报表编制过程中，异常检测可以帮助企业及时发现财务报表中的错误和异常数据，确保报表的准确性和可靠性。其次，在财务审计过程中，异常检测可以辅助审计人员快速定位潜在的风险点，提高审计效率和质量。此外，在风险管理、内部控制以及合规性管理等方面，异常检测也发挥着重要作用。

（四）异常检测的实时性与智能化

在会计信息智能化处理中，异常检测的实时性和智能化是两大关键要素。实时性意味着异常检测系统能够实时地监测数据变化并快速发现异常行为或模式。这对于企业及时发现和应对潜在风险至关重要。智能化则意味着异常检测系统能够自动学习和适应数据的变化，不断提高检测的准确性和效率。为了实现实时性和智能化，异常检测系统需要采用高效的数据处理技术和先进的机器学习算法。同时，系统还需要具备强大的计算能力和存储能力以支持大规模数据的实时处理和分析。此外，系统还需要具备灵活的配置和定制能力以满足不同企业的个性化需求。

（五）异常检测对会计信息智能化处理的推动作用

异常检测对会计信息智能化处理有积极的推动作用。首先，异常检测提高了会计信息的准确性和可靠性。通过实时监测数据变化并快速发现异常行为或模式，企业能够及时纠正错误和防止风险的发生，从而确保会计信息的真实性和准确性。其次，异常检测提高了会计信息处理的效率和自动化水平。智能化的异常检测系统能够自动处理和分析数据并生成警报和报告，减少了人工干预，提高了处理效率。最后，异常检测还促进了企业对风险管理的改进。通过及时发现和应对潜在风险，企业能够不断提高风险管理水平，降低经营风险。

异常检测在会计信息智能化处理中发挥着重要作用。通过实时监测数据变化，并快速发现异常行为或模式，企业能够确保会计信息的准确性和可靠性。同时，异常检测还促进了企业对风险管理的重视和改进。

五、可视化展示

在会计信息智能化处理中，可视化展示是一项至关重要的技术，它将复杂的数据以直观、易懂的方式呈现给决策者，帮助用户快速理解数据背后的信息和趋势。

（一）直观呈现复杂数据

会计信息往往包含大量的数据项和复杂的逻辑关系，对于非专业的决策者来说，直接理解这些数据可能存在一定的困难。通过可视化展示，会计信息智能化处理系统能够将这些数据转化为图表、图像等直观的形式，使得决策者能够轻松理解数据的含义和变化趋势。例如，系统可以将财务报表中的数据转化为柱状图、折线图等，展示销售额、利润、成本等关键指标的变化情况；同时，系统还可以利用颜色、大小、形状等视觉元素，突出显示重要数据或异常数据，帮助决策者快速捕捉关键信息。

（二）揭示数据关联与趋势

除了直观呈现数据，可视化展示还能够揭示数据之间的关联关系和趋势。通过图表、图像等形式的展示，用户可以清晰地看到不同数据项之间的相互作用和影响，从而发现数据背后的规律和趋势。例如，系统可以通过散点图展示销售额与广告投入之间的关系，帮助用户理解广告投入对销售额的影响程度；同时，系统还可以利用时间序列图展示某个指标随时间的变化趋势，帮助用户预测未来的数据变化。

（三）交互式探索与分析

可视化展示不仅限于静态的图表展示，还具备交互式探索与分析的能力。在会计信息智能化处理系统中，用户可以通过交互式界面与数据进行交互，探索数据的不同维度和细节。例如，用户可以通过缩放、拖拽、筛选等操作，调整图表的展示范围和细节；同时，用户还可以点击图表中的某个数据点或区域，查看该数据点的详细信息或相关联的数据项。

（四）自定义与个性化设置

为了满足不同用户的需求和偏好，会计信息智能化处理系统的可视化展示功能还提供了自定义和个性化设置的功能。用户可以根据自己的需求和习惯，调整图表的样式、颜色、字体等外观设置；同时，用户还可以选择展示特定的数据项或维度，以满足自己的分析需求。

在可视化展示的过程中，会计信息智能化处理系统还需要充分考虑数据的多样性和复杂性。不同企业、不同行业的数据具有不同的特点和规律，需要采用不同的可视化展示方式和技术。因此，系统需要具备灵活性和可扩展性，能够根据用户的需求和数据进行定制和优化。可视化展示的结果还需要与决策者的实际需求紧密结合。系统应该了解决策者的需求和关注点，将关键信息以直观、易懂的方式展示给决策者，帮助他们快速作出决策。同时，系统还应该提供数据解释和说明的功能，帮助决策者更好地理解数据的含义和背后的规律。

可视化展示是会计信息智能化处理中的重要环节之一。通过直观呈现复杂数据、揭示数据关联与趋势、提供交互式探索与分析以及自定义与个性化设置等方面的应用，可视化展示能够帮助决策者更好地理解数据背后的信息和规律。

第四节 大数据在会计决策支持中的应用

一、风险评估

（一）风险评估的重要性

在会计信息智能化处理中，风险评估是一项基础且关键的工作。随着企业经营活动的不断扩展和复杂化，企业面临着越来越多的潜在风险，如市场风险、信用风险、操作风险等。这些风险可能对企业的财务状况、经营成果乃至长期发展产生重大影响。因此，对潜在风险进行量化评估，成为企业决策的重要依据。风险评估通过对大量历史数据的分析，结合企业的实际情况，运用科学的方法和技术，对潜在风险进行量化评估，为企业提供了直观、可比较的风险信息。这些信息有助于企业更好地了解自身面临的风险状况，从而制定有效的风险管理策略和措施。

（二）风险评估的方法与技术

风险评估的方法与技术多种多样，包括统计分析、机器学习、模型预测等。其中，统计分析是最常用的方法之一，它通过对历史数据的收集、整理和分析，找出数据的分布规律、趋势和异常值，从而评估潜在风险的大小和概率。机器学习则是一种更为先进的方法，它利用大数据和算法技术，通过训练模型来学习数据的特征和规律，实现对潜在风险的自动化识别和评估。

在会计信息智能化处理中，风险评估的方法与技术需要根据企业的具体情况进行选择和应用。例如，对于信用风险评估，企业可以运用统计方法建立信用评分模型，通过对借款人的信用记录、财务状况等信息进行量化分析，评估其违约风险的大小；对于市场风险评估，企业可以利用机器学习技术建立市场预测模型，通过对市场趋势、政策变化等因素的分析，预测未来市场的走势和潜在风险。

（三）风险评估在会计信息处理中的应用

风险评估在会计信息处理中具有重要的应用价值。首先，在财务报表编制过程中，风险评估可以帮助企业识别潜在的风险点，从而更加准确地反映企业的财务状况和经营成果。例如，在资产减值测试中，企业需要对可能存在的资产减值风险进行评估，以确定是否需要计提减值准备。其次，在财务决策过程中，风险评估可以为企业提供重要的决策支持。通过对潜在风险的量化评估，企业可以更加全面地了解各种方案的利弊和风险状况，从而作出更加明智的决策。此外，在内部控制和风险管理方面，风险评估也发挥着重要作用。通过定期对企业的各项业务和流程进行风险评估，企业可以发现潜在的风险点和漏洞，从而及时采取措施进行改进和完善。

（四）风险评估的智能化与自动化

随着人工智能和大数据技术的不断发展，风险评估的智能化和自动化水平不断提高。智能化的风险评估系统可以自动收集、整理和分析大量数据，通过先进的算法和技术对潜在风险进行准确识别和量化评估。同时，自动化的风险评估系统还可以实时监测数据变化并发出警报，帮助企业及时发现潜在风险并采取措施进行应对。在会计信息智能化处理中，风险评估的智能化和自动化对于提高企业的风险管理水平和竞争力具有重要意义。通过引入先进的风险评估技术和系统，企业可以更加全面地了解自身面临的风险状况并制定相应的风险管理策略和措施。

二、战略制定

在当今信息爆炸的时代，大数据已经渗透到企业运营的各个环节，成为企业制定战略和规划不可或缺的重要资源。基于大数据分析结果来制定企业战略和规划，不仅能够提高决策的准确性和效率，还能帮助企业更好地适应市场变化，实现可持续发展。

（一）市场分析

市场是企业生存和发展的基础，对市场进行深入的分析是企业制定战略和规划的前提。通过大数据分析，企业可以获取海量的市场数据，包括消费者行为、竞争对手动态、行业趋势等。这些数据可以帮助企业了解市场需求、消费者偏好以及竞争对手的优劣势，从而为企业制定市场定位、产品策略、营销策略等提供有力支持。

（二）产品优化

产品是企业与客户连接的桥梁，产品的质量和性能直接影响客户的满意度和忠诚度。通过大数据分析，企业可以收集客户对产品的评价、反馈以及使用数据，了解产品的优点和不足，从而进行针对性的改进和优化。此外，大数据分析还可以帮助企业发现新的产品机会，满足客户的潜在需求，为企业创造新的增长点。

（三）供应链管理

供应链是企业实现价值创造和传递的重要过程，供应链的效率和稳定性直接影响企业的运营成本和市场竞争力。通过大数据分析，企业可以实时监控供应链的各个环节，包括原材料采购、生产进度、物流配送等，及时发现和解决问题，提高供应链的透明度和可控性。同时，大数据分析还可以帮助企业优化库存管理，降低库存成本，提高资金周转率。

（四）风险管理

风险是企业运营过程中不可避免的因素，有效的风险管理是企业稳健发展的保障。通过大数据分析，企业可以收集各种与风险相关的数据，包括市场风险、信用风险、操作风险等，建立风险与预警和评估模型，及时发现潜在风险并采取相应的措施进行防范和应对。此外，大数据分析还可以帮助企业制定应急预案，提高应对突发事件的能力。

（五）财务决策

财务决策是企业战略和规划的重要组成部分，包括投资决策、融资决策、利润分配决策等。通过大数据分析，企业可以收集各种财务数据和市场数据，建立财务预测和决策模型，为企业的财务决策提供科学依据。例如，通过分析历史销售数据和市场需求预测数据，企业可以制订更加合理的销售计划和生产计划；通过分析竞争对手的财务状况和市场动态，企业可以制定更加有效的竞争策略；通过分析企业的财务状况和经营成果，企业可以制订更加合理的利润分配方案。

基于大数据分析结果制定企业战略和规划是企业实现智能化、精细化管理的关键。通过大数据分析，企业可以更加深入地了解市场、客户、产品和供应链等各个环节的情况，为企业的战略和规划提供更加准确、全面的数据支持。同时，大数据分析还可以帮助企业发现新的机会和挑战，为企业的发展提供新的思路和方向。因此，企业应该积极拥抱大数据技术，不断提升自身的数据分析和处理能力，以应对日益复杂多变的市场环境。

三、资源配置

在当今快速变化的商业环境中，优化资源配置并提高资源利用效率是企业持续发展的核心动力。

（一）智能化数据收集与处理

会计信息智能化处理的首要任务是实现数据的智能化收集与处理。传统的手工录入方式不仅效率低下，而且容易出错。通过智能化技术，企业可以实时、准确地收集各种财务数据和非财务数据，并通过预设的算法进行自动化处理。

智能化数据收集与处理还涉及数据的标准化和规范化。通过设定统一的数据格式和标准，企业可以确保数据的一致性和可比性，为后续的数据分析和决策提供支持。此外，智能化技术还可以对收集到的数据进行自动分类和整理，使数据更加易于管理和使用。

（二）智能化数据分析与预测

在数据收集和处理的基础上，智能化技术还可以进行深度的数据分析与预测。通过对历史数据的挖掘和分析，企业可以发现数据背后的规律和趋势，为未来的决策提供科学依据。同时，智能化技术还可以根据当前的数据和市场环境，预测未来的市场走势和企业发展趋势，帮助企业提前做好准备。在数据分析与预测方面，智能化技术还具有自我学习和优化的能力。通过对大量数据的不断学习和分析，智能化系统可以不断优化自身的算法和模型，提高预测的准确性和可靠性。这种自我学习和优化的能力使得智能化技术能够更好地适应复杂多变的商业环境。

（三）智能化资源配置决策

基于智能化数据分析与预测的结果，企业可以作出更加科学合理的资源配置决策。智能化系统可以根据企业的战略目标、市场环境、产品特点等因素，为企业推荐最优的资源配置方案。这种方案不仅可以满足企业的当前需求，还可以兼顾企业的长远发展。在资源配置决策方面，智能化系统还可以提供多种决策支持工具和方法。例如，智能化系统可以为企业提供成本效益分析、风险评估等工具，帮助企业更全面地了解各种资源配置方案的优缺点。此外，智能化系统还可以根据企业的实际情况和需求，定制个性化的决策支持方案，提高企业的决策效率和准确性。

（四）智能化资源配置执行与监控

优化资源配置不仅需要科学合理的决策方案，还需要有效的执行和监控机制。智能化技术可以在资源配置的执行和监控过程中发挥重要作用。通过智能化系统，企业可以实时跟踪各项资源的使用情况，确保资源按照既定的方案进行配置和使用。同时，智能化系统还可以对资源配置的效果进行实时监控和评估，及时发现和解决问题，确保资源的有效利用。在资源配置执行与监控方面，智能化系统还可以提供多种可视化和交互性强的工具和方法。例如，智能化系统可以通过图表、图像等形式展示各项资源的使用情况和效果，使企业更加直观地了解资源配置的情况。此外，智能化系统还可以提供用户友好的交互界面和工具，方便企业用户随时查看和管理资源配置信息。

通过会计信息智能化处理来优化资源配置并提高其利用效率是一个复杂而系统的过程。企业需要充分利用智能化技术的优势，从数据收集与处理、数据分析与预测、资源配置决策以及资源配置执行与监控等方面入手，不断提高资源配置的效率和效果。

四、绩效评估

在现代化企业管理中,绩效评估是至关重要的一环,它不仅是对过去一段时间内企业运营成果的客观反映,更是为未来改进提供依据。特别是在会计信息智能化处理的背景下,量化评估企业绩效显得尤为重要。

(一)绩效指标体系的构建

构建一个科学、合理的绩效指标体系是量化评估企业绩效的基础。这个体系应该包括财务绩效指标、市场绩效指标、运营绩效指标以及创新绩效指标等多个方面。财务绩效指标主要反映企业的盈利能力、偿债能力和运营效率等;市场绩效指标则关注企业的市场份额、客户满意度和市场竞争力等;运营绩效指标衡量企业的生产效率、供应链管理和产品质量等;创新绩效指标则关注企业的研发投入、新产品推出和专利数量等。

在会计信息智能化处理的帮助下,企业可以更加高效地收集、整理和分析这些数据,确保绩效指标体系的准确性和完整性。智能化处理系统能够自动从多个数据源中提取关键信息,对数据进行清洗和整合。同时,智能化处理系统还能够根据预设的规则和算法,自动生成各种绩效报表和分析报告,为管理层提供直观的绩效展示和深入的分析洞察。

(二)绩效数据的收集与处理

绩效数据的收集与处理是量化企业绩效评估的关键环节。在这个过程中,企业需要确保数据的准确性、完整性和及时性。会计信息智能化处理系统可以发挥重要作用,通过自动化、智能化的方式,快速、准确地收集和处理绩效数据。具体来说,智能化处理系统可以自动从企业的财务系统、销售系统、生产系统等各个业务系统中提取绩效数据,并进行清洗、整合和校验。这不仅可以减少人工操作的繁琐和错误,还可以提高数据处理的效率和准确性。同时,智能化处理系统还可以根据企业的实际情况和需求,对数据进行个性化的分析和处理,以满足不同层级和部门的管理需求。

(三)绩效分析的方法与工具

绩效分析是量化评估企业绩效的核心环节。在会计信息智能化处理的帮助下,企业可以采用多种方法和工具进行绩效分析,以深入了解企业的运营状况和存在的问题。常用的绩效分析方法包括趋势分析、对比分析、因果分析和结构分析等。这些方法可以帮助企业了解绩效指标的变化趋势、与竞争对手的差距、问题产生的原因以及问题的结构分布等。同时，企业还可以借助各种绩效分析工具，如仪表盘、热力图、雷达图等，将绩效数据以更加直观、易懂的方式展示出来，帮助管理层快速把握企业的运营状况。

（四）绩效改进的策略与措施

绩效改进是量化评估企业绩效的最终目的。在了解了企业的绩效状况和存在的问题之后，企业需要制定相应的改进策略和措施，以提升企业的绩效水平。在这个过程中，会计信息智能化处理系统可以发挥重要的支持作用。通过智能化处理系统提供的数据和分析结果，企业可以更加精准地定位问题所在，并制定相应的改进措施。例如，针对生产效率低下的问题，企业可以通过优化生产流程、提高设备利用率等方式进行改进；针对客户满意度不高的问题，企业可以通过改进产品质量、提升服务水平等方式进行改进。同时，智能化处理系统还可以对改进措施的执行情况进行跟踪和监控，确保改进措施的有效性和可持续性。

在会计信息智能化处理的帮助下，企业可以更加科学、高效地量化评估企业绩效，为未来的改进提供依据。通过构建科学的绩效指标体系、收集和处理准确的绩效数据、采用有效的绩效分析方法和工具以及制定针对性的绩效改进策略和措施，企业可以不断提升自身的绩效水平，实现可持续发展。

五、实时决策

在快节奏的现代商业环境中，实时决策对于企业的成功至关重要。会计信息智能化处理不仅能够为企业提供全面、准确的数据支持，还能够加速决策过程，确保企业能够在竞争激烈的市场中迅速响应并抓住机遇。

（一）数据实时更新与集成

实时决策的基础是数据的实时更新与集成。通过会计信息智能化处理，企业可以实现数据的自动收集和实时更新，确保数据始终保持在最新状态。同时，智能化处理还能够将不同来源的数据进行集成，形成全面、统一的数据视图，为决策提供全面而准确的数据支持。在数据实时更新与集成的过程中，智能化处理能够自动检测并修正数据中的错误和异常，确保数据的准确性和可靠性。此外，智能化处理还能够对数据进行自动分类和整理，使其更加易于管理和使用。

（二）数据分析与洞察

实时决策需要快速而准确的数据分析。会计信息智能化处理通过运用先进的算法和模型，能够对实时数据进行快速而深入的分析，提供有价值的业务洞察。这些洞察不仅能够帮助企业识别市场趋势和商机，还能够预测未来可能出现的问题和挑战，为企业制定战略和计划提供有力支持。智能化处理在数据分析方面的优势在于其强大的计算能力和自我学习能力。它能够处理海量的数据，并在分析过程中不断优化算法和模型，提高分析的准确性和效率。同时，智能化处理还能够自动适应数据的变化和波动，确保分析的实时性和有效性。

（三）决策支持工具与界面

为了支持实时决策，会计信息智能化处理需要提供直观、易用的决策支持工具与界面。这些工具与界面能够将复杂的数据和分析结果以直观、易懂的方式呈现出来，帮助决策者快速理解并作出决策。

智能化处理提供的决策支持工具包括各种图表、报告和可视化工具等。这些工具能够根据不同的需求和场景进行定制和配置，以满足企业的特定需求。同时，智能化处理还提供了交互性强的界面设计，使用户能够轻松地进行数据查询、分析和决策操作。

（四）风险预警与应对

实时决策中，风险预警与应对是不可或缺的一环。会计信息智能化处理能够通过实时监测和分析数据，及时发现潜在的风险和问题，并为企业提供预警和应对方案。智能化处理在风险预警方面的作用主要体现在两个方面：一是通过数据分析识别潜在的风险因素。二是通过实时监测数据变化，及时发现风险事件并触发预警机制。当风险事件发生时，智能化处理还能够根据预设的应对方案自动执行相应的操作，以减轻风险对企业的影响。

（五）决策优化与持续改进

实时决策是一个不断优化和持续改进的过程。会计信息智能化处理通过持续学习和自我优化，能够不断提升其决策支持的准确性和效率。智能化处理在决策优化方面的作用主要体现在两个方面：一是通过不断学习和分析新的数据和信息，优化现有的决策模型和算法。二是通过收集和分析决策执行过程中的反馈数据，发现决策中存在的问题和不足，并进行持续改进。这种持续优化和改进的能力使得会计信息智能化处理能够更好地支持实时决策，帮助企业应对不断变化的市场环境和业务需求。

第三章 云计算与会计信息系统

第一节 云计算在会计领域的应用

一、数据存储与管理

在会计信息智能化处理的过程中，数据存储与管理是保障信息流动、提高处理效率的基础。随着数据量的不断增长和业务复杂性的提升，传统的数据存储与管理方式已难以满足现代企业的需求。因此，突破硬件限制，提供高效、灵活的数据存储和管理解决方案成为企业亟待解决的问题。

（一）硬件与存储架构的升级

随着技术的不断进步，硬件性能得到了显著提升，为数据存储提供了更广阔的空间。在会计信息智能化处理中，企业可以采用高性能的服务器、存储设备以及网络设备，构建稳定、可靠的数据存储架构。此外，云计算和分布式存储技术的兴起，也为数据存储提供了更多的可能性。企业可以根据自身需求，选择适合的存储方案，实现数据的集中管理和备份。

（二）数据标准化与分类

在会计信息智能化处理中，数据标准化和数据分类是确保数据质量和一致性的关键。企业可以根据业务需求，制定统一的数据标准，对各类会计信息进行规范化处理。同时，通过数据分类，可以将不同来源、不同格式的数据进行统一管理和查询，提高数据使用的便捷性和效率。

（三）实时数据共享与协同

实时数据共享是会计信息智能化处理中的重要一环。通过构建高效的数据共享平台，企业可以实现各部门之间的数据互通和协作。在这个平台上，员工可以实时获取所需的会计信息，提高工作效率。同时，数据的实时共享也有助于企业及时发现和解决潜在问题，降低运营风险。

（四）数据安全与数据保护

在数据存储与管理过程中，数据安全与保护是不可忽视的问题。企业需要采取一系列措施，确保数据的完整性和安全性。首先，需要建立严格的数据访问权限管理制度，防止未经授权的访问和数据泄露。其次，采用加密技术对数据进行加密存储和传输，确保数据在传输过程中的安全性。此外，还需要定期对数据进行备份和恢复测试，确保在发生意外情况时能够迅速恢复数据。

（五）智能化管理与优化

随着人工智能和大数据技术的不断发展，智能化管理已成为数据存储与管理的重要趋势。通过引入智能化技术，企业可以实现对数据的自动化管理和优化。例如，利用机器学习算法对数据进行预测和分析，提前发现潜在的风险和问题；利用数据挖掘技术发现数据中的关联性和规律性，为决策提供支持。此外，智能化管理还可以实现数据的自动备份、恢复和迁移等功能，提高数据管理的效率。

在会计信息智能化处理中，数据存储与管理是保障信息流动、提高处理效率的关键环节。通过硬件与存储架构的升级、数据标准化与分类、实时数据共享与协同、数据安全与保护以及智能化管理与优化等措施，企业可以构建高效、灵活的数据存储和管理解决方案，为会计信息智能化处理提供有力的支持。

二、会计咨询云服务

随着信息技术的飞速发展，会计咨询云服务作为会计信息智能化处理的重要一环，正逐渐成为企业解决财务管理难题的得力助手。这种服务不仅允许企业通过云端平台与会计专家进行实时互动，而且具备灵活快捷的特点，能够迅速适应各种业务需求。

（一）云端平台实现实时互动

会计咨询云服务通过云端平台为企业提供了一个与会计专家进行实时互动的渠道。这种互动方式打破了传统咨询服务的地域和时间限制，使得企业能够随时随地获取专业的财务咨询支持。无论是面对复杂的会计处理问题，还是寻求对财务政策的深入理解，企业都可以通过云端平台与会计专家进行即时交流，获得准确、及时的解答和建议。云端平台的实时互动功能不仅提高了咨询服务的效率，也增强了咨询过程的透明度和互动性。企业可以通过平台查看咨询记录、跟踪问题进展，并与会计专家共同制定解决方案。这种双向的沟通方式有助于确保咨询服务的针对性和有效性，满足企业多样化的财务管理需求。

（二）灵活快捷适应业务需求

会计咨询云服务具备灵活快捷的特点，能够迅速适应各种业务需求。无论是大型企业还是中小型企业，无论是日常财务管理还是特殊项目咨询，会计咨询云服务都能够提供量身定制的解决方案。这种灵活性得益于智能化处理技术的应用，使得会计咨询云服务能够迅速分析企业的财务数据、识别潜在问题，并提出相应的解决方案。

此外，会计咨询云服务还能够根据企业的实际需求进行快速调整和优化。例如，当企业的业务模式发生变化时，会计咨询云服务可以迅速调整咨询方案、更新数据分析模型，以确保咨询服务与企业的发展需求保持同步。

（三）智能化处理提升服务质量

会计咨询云服务的智能化处理功能不仅提高了咨询服务的效率，还提升了服务质量。通过运用大数据、人工智能等先进技术，会计咨询云服务能够对企业财务数据进行深度分析和挖掘，发现潜在的风险和机会，为企业提供更加精准、专业的建议。智能化处理还能够帮助会计咨询云服务实现自动化和智能化管理。例如，通过自动化流程设计，会计咨询云服务可以自动完成数据收集、整理和分析等工作，减轻人工负担并提高工作效率。同时，智能化处理还能够实现智能推荐和预测功能，根据企业的历史数据和行业趋势为企业推荐合适的财务管理策略和方案。

智能化处理还能够提升会计咨询云服务的安全性和可靠性。通过应用加密技术和安全防护措施，会计咨询云服务能够确保企业数据的安全性和保密性，防止数据泄露和滥用等风险。这种安全性和可靠性使得企业能够放心地使用会计咨询云服务解决财务管理难题。

三、会计数据云存储

在会计信息智能化处理的背景下，云存储作为一种新兴的数据存储方式，正在逐步替代传统的硬件存储方式。云存储以其高可用性、可扩展性和灵活性，有效克服了传统存储方式中硬件故障和数据丢失的问题，为会计信息提供了更加安全、可靠和便捷的存储解决方案。

（一）克服硬件故障和数据丢失问题

传统的硬件存储方式存在着硬件故障和数据丢失的风险。一旦硬件设备出现故障或损坏，存储在其中的数据可能会丢失或无法访问，给企业的运营和决策带来严重影响。而云存储则通过分布式存储和冗余备份等技术，将数据存储在多个物理节点上，确保数据的完整性和可用性。即使某个节点出现故障，其他节点也能继续提供服务，从而有效避免了数据丢失的问题。此外，云存储还提供了数据恢复和备份机制，确保在发生意外情况时能够快速恢复数据，保障企业的正常运营。

（二）提供丰富的备份和恢复机制

在会计信息智能化处理中，数据备份和恢复是非常重要的环节。云存储提供了多种备份和恢复机制，确保数据的安全性和可用性。首先，云存储可以实现定时备份和增量备份，将关键数据定期备份到云端，避免数据丢失。其次，云存储还提供了快照功能，可以快速创建数据副本，并在需要时恢复到某个时间点的状态。此外，云存储还支持远程备份和恢复，即使本地存储设备出现故障或损坏，也能通过远程操作快速恢复数据。这些丰富的备份和恢复机制为会计信息智能化处理提供了强有力的支持。

（三）提高数据可用性和可扩展性

云存储的分布式存储架构使其具有高度的可用性和可扩展性。在会计信息智能化处理中，企业可以根据自身需求随时扩展存储空间，满足不断增长的数据存储需求。同时，云存储还提供了负载均衡和容错机制，确保在高并发访问和大量数据处理时仍能保持稳定的性能。这些特点使得会计数据能够随时随地被访问和使用，提高了数据的可用性和处理效率。

（四）增强数据安全性和隐私保护

在云存储中，数据的安全性和隐私保护是至关重要的。云存储服务商通常会采取多种安全措施来保护客户数据的安全性和隐私性。首先，云存储采用了加密技术对数据进行存储和传输，确保数据在传输和存储过程中的安全性。其次，云存储还提供了访问控制和身份验证机制，确保只有授权用户才能访问和使用数据。此外，云存储还采用了数据隔离和审计机制等技术手段来防止数据泄露和滥用。这些安全措施为会计信息智能化处理提供了坚实的安全保障。

会计数据云存储以其高可用性、可扩展性、灵活性和安全性等优势，在会计信息智能化处理中发挥着越来越重要的作用。通过云存储技术，企业可以克服传统存储方式的硬件故障和数据丢失问题，提高数据的可用性和安全性。

四、会计报表云生成

在数字化时代，会计报表的生成方式正经历着革命性的变革。会计报表云生成作为会计信息智能化处理的重要组成部分，利用云计算技术，实现了对海量数据的自动分析和整理，生成多种类型的会计报表。这种方式不仅提高了报表的准确性和及时性，还极大地减少了手工操作的繁琐。

（一）自动化数据处理与分析

会计报表云生成的核心在于自动化数据处理与分析。通过云计算技术，系统能够自动收集、整理和分析企业的财务数据，包括各种原始凭证、账簿、报表等。系统还能根据预设的规则和算法，对财务数据进行深入分析，为企业提供有价值的财务信息和业务洞察。

（二）多类型报表快速生成

会计报表云生成系统支持多种类型的报表快速生成。这些报表包括资产负债表、利润表、现金流量表等基本的财务报表，也包括各种自定义报表和专项报表。系统能够根据用户的需求和设置，自动生成符合要求的报表，并在云端进行存储和共享。这种方式使得报表的生成过程更加灵活、高效，能够满足企业多样化的财务管理需求。

（三）提高报表准确性和及时性

会计报表云生成系统通过自动化数据处理和分析，能够大大提高报表的准确性和及时性。首先，系统能够自动检查数据的完整性和准确性，及时发现并纠正错误和异常。其次，系统能够实时更新数据，确保报表反映的是最新的财务状况和经营成果。最后，系统能够自动生成报表，从而提高了报表的及时性和准确性。

（四）优化用户交互体验

会计报表云生成系统还注重优化用户体验和交互。首先，系统提供了直观、易用的操作界面和工具，使得用户能够轻松地进行数据输入、查询和报表生成等操作。其次，系统支持多种数据格式和报表模板的导入和导出，方便用户与其他系统进行数据交换和共享。最后，系统还提供了丰富的报表展示和分析功能，帮助用户更好地理解数据和报表内容，作出更加明智的决策。会计报表云生成系统还具有可扩展性和可定制性。企业可以根据自身的需求和实际情况，对系统进行定制和扩展，以满足特定的财务管理需求。这种灵活性使得系统能够更好地适应企业的发展变化和业务需求。

会计报表云生成作为会计信息智能化处理的重要应用之一，通过自动化数据处理和分析、多类型报表快速生成、提高报表准确性和及时性以及优化用户体验和交互等方面，为企业提供了高效、准确、灵活的财务报表生成服务。

五、实时数据连接与共享

在会计信息智能化处理的背景下，实时数据连接与共享成为一个重要的环节。它允许会计人员将各种财务软件的数据直接输入，实现数据的自动处理和报表编制，大大提高了工作效率和准确性，同时满足了不同报表需求。

（一）数据直接输入与自动处理

实时数据连接与共享使得会计人员能够直接将各种财务软件的数据导入到系统中，无需进行繁琐的手工录入。这种直接输入的方式不仅降低了人工操作的错误率，还大大提高了数据处理的效率。

（二）实现多系统间的数据集成

在企业中，可能同时存在着多个财务软件和系统，这些系统之间往往存在着数据孤岛的问题。实时数据连接与共享能够打破这些孤岛，实现多系统间的数据集成。通过统一的接口和协议，不同系统之间的数据可以相互连接和共享，从而实现数据的无缝对接和整合。这使得会计人员能够在一个统一的平台上查看和管理所有数据，提高了工作的便捷性和效率。

（三）自动化报表编制与生成

实时数据连接与共享为自动化报表编制和生成提供了可能。系统能够根据预设的规则和模板，自动从数据库中提取相关数据，生成符合要求的财务报表和数据分析报告。这不仅减轻了会计人员的工作负担，还提高了报表的准确性和一致性。同时，系统还支持自定义报表模板和规则，满足不同企业的报表需求。

（四）提高数据处理的实时性和准确性

实时数据连接与共享使得数据处理更加实时和准确。会计人员可以实时查看和更新财务数据，确保数据的及时性和准确性。同时，系统还能够对数据进行自动校验和纠错，避免数据错误和遗漏。

（五）增强数据安全性和隐私保护

在实时数据连接与共享的过程中，数据的安全性和隐私保护至关重要。会计信息智能化处理系统通常采用了多种安全措施来保护数据的安全性和隐私性。首先，系统会对输入的数据进行严格的验证和过滤，确保数据的合法性和合规性。其次，系统会对数据进行加密存储和传输，防止数据在传输过程中被窃取或篡改。此外，系统还会对访问权限进行严格控制，确保只有授权用户才能访问和使用数据。这些安全措施为实时数据连接与共享提供了坚实的安全保障。

实时数据连接与共享在会计信息智能化处理中发挥着重要的作用。它允许会计人员将各种财务软件的数据直接输入，实现数据的自动处理和报表编制，提高了工作效率和准确性。同时，它还能够实现多系统间的数据集成、自动化报表编制与生成、提高数据处理的实时性和准确性以及增强数据安全性和隐私保护。这些优势使得实时数据连接与共享成为会计信息智能化处理中不可或缺的一部分。

第二节　云计算会计系统的架构与设计

一、弹性伸缩性

在会计信息智能化处理的领域，弹性伸缩性是一个至关重要的特性。它能够根据业务需求的变化自动调整系统资源，确保系统在面对不同负载时都能保持稳定的性能和高效的处理能力。

（一）资源自动调配

弹性伸缩性的核心在于资源的自动调配。在会计信息智能化处理系统中，系统会根据当前的业务需求和负载情况，自动调整计算资源、存储资源和网络带宽等。当业务需求增加时，系统会自动增加资源投入，以满足业务对系统性能的要求；当业务需求减少时，系统则会释放多余的资源，以降低成本和提高资源利用率。这种自动调配资源的方式，能够确保系统始终运行在最佳状态，同时避免资源的浪费。

（二）提高系统稳定性

弹性伸缩性能够提高会计信息智能化处理系统的稳定性。在传统的会计信息处理系统中，由于资源限制，系统在面对高负载时可能会出现性能下降或崩溃的情况。而弹性伸缩性则能够确保系统在面对不同负载时都能保持稳定的性能。当业务需求增加时，系统会自动增加资源投入，确保系统能够处理更多的业务请求；当业务需求减少时，系统则会释放多余的资源，以降低成本。这种自适应的调节方式，能够确保系统始终运行在稳定的状态下，避免因为资源不足而导致的性能问题。

（三）提升处理效率

弹性伸缩性还能够提升会计信息智能化处理系统的处理效率。由于系统能够自动调配资源，因此在面对大量数据处理任务时，系统能够迅速增加资源投入，提高处理速度。这种快速响应的能力，能够确保会计信息处理任务能够及时完成，满足企业的业务需求。同时，由于系统能够自动释放多余的资源，因此在业务需求减少时，系统能够降低运行成本，提高整体的经济效益。

（四）灵活适应业务需求变化

弹性伸缩性使得会计信息智能化处理系统能够灵活适应业务需求的变化。在企业的实际运营过程中，业务需求往往会随着市场环境、政策变化等因素而发生变化。如果系统无法快速适应这些变化，就可能导致业务处理延迟或中断。而弹性伸缩性则能够确保系统在面对业务需求变化时能够迅速调整资源投入，确保业务处理的连续性和稳定性。这种灵活适应的能力，能够确保企业始终保持竞争优势，应对各种市场挑战。

（五）简化运维管理

弹性伸缩性还能够简化会计信息智能化处理系统的运维管理。在传统的会计信息处理系统中，运维人员需要手动调整系统资源以满足业务需求的变化。这不仅增加了运维人员的工作量，还可能导致资源调配不合理的问题。而弹性伸缩性则能够自动调配资源，无需人工干预。这大大减轻了运维人员的工作负担，提高了运维管理的效率。同时，由于系统能够自动适应业务需求的变化，因此也减少了因人为操作不当导致的损失。

弹性伸缩性是会计信息智能化处理的关键特性之一。它能够自动调配系统资源、提高系统稳定性、提升处理效率、灵活适应业务需求变化以及简化运维管理。

二、多租户设计

在会计信息智能化处理的背景下，多租户设计成了一个重要的架构策略，它允许多个企业或个人用户在同一个平台上使用，共享基础设施和资源，从而提高资源利用率，降低成本，并为用户提供更加灵活和便捷的服务。

（一）资源共享与成本优化

多租户设计的核心思想是通过共享基础设施和资源，实现资源的最大化利用。在会计信息智能化处理中，多租户设计意味着多个企业或个人用户可以共享同一套软件系统、服务器、存储设备等资源，而无需为每个用户单独部署和维护一套独立的系统。这不仅减少了硬件和软件资源的投入，还降低了运维成本，提高了整体的经济效益。

通过多租户设计，企业可以在满足用户个性化需求的同时，实现资源的统一管理和调度。例如，可以根据用户的业务规模和数据量，动态分配计算资源和存储空间，确保用户在使用过程中的流畅性和稳定性。同时，多租户设计还支持资源的弹性伸缩，可以根据用户需求的变化快速调整资源配置，满足用户不断增长的业务需求。

（二）安全与隔离机制

在多租户环境中，不同用户之间的数据隔离和安全性至关重要。多租户设计通过采用多种安全机制和技术手段，确保用户数据的安全性和隐私性。首先，可以通过数据库层面的隔离技术，为每个用户分配独立的数据库或数据库模式，防止用户之间的数据相互干扰。其次，可以采用身份验证和授权机制，对用户进行严格的访问控制，确保只有授权用户才能访问和操作自己的数据。此外，还可以采用加密技术对敏感数据进行加密存储和传输，防止数据在传输过程中被窃取或篡改。

（三）个性化定制与扩展性

多租户设计支持用户根据自身需求进行个性化定制和扩展。在会计信息智能化处理中，不同企业或个人用户有不同的业务场景和报表需求。多租户设计允许用户根据自己的需求定制系统功能和界面布局，以满足个性化需求。同时，系统还提供了丰富的扩展接口和 API（Application Programming Interface, 应用程序编程接口），支持用户根据自己的业务场景进行二次开发和集成，实现与其他系统的无缝对接和数据共享。

（四）提升用户体验与满意度

多租户设计通过提供统一、灵活、便捷的服务，提升了用户体验和满意度。在会计信息智能化处理中，用户可以通过统一的登录系统，随时查看和管理自己的财务数据。系统还提供了丰富的数据分析和可视化工具，帮助用户更好地理解自己的业务状况和趋势。同时，多租户设计还支持多语言、多时区等特性，满足不同地域和文化背景用户的需求。此外，多租户设计还通过优化系统性能和稳定性，提升了用户体验。系统采用了高效的数据处理算法和负载均衡技术，确保用户在使用过程中的流畅性和稳定性。同时，系统还具备强大的容错恢复机制和能力，能够在出现故障时快速恢复服务，保障用户的正常业务运营。

多租户设计在会计信息智能化处理中发挥着重要的作用。它通过资源共享与成本优化、安全与隔离机制、个性化定制与扩展性以及提升用户体验与满意度等，为用户提供了更加高效、安全、灵活和便捷的服务。随着会计信息智能化处理的不断发展，多租户设计将成为未来会计信息系统架构的重要趋势之一。

三、安全性设计

在会计信息智能化处理的领域，安全性设计是确保用户数据安全的关键所在。通过采用数据加密、访问控制等安全措施，可以营造一个安全、可靠的会计信息处理环境，有效保护用户数据的机密性、完整性和可用性。

（一）数据加密技术

数据加密是安全性设计中的重要一环。在会计信息智能化处理过程中，用户数据往往包含敏感信息，如财务报表、税务数据等。为了保护这些数据的机密性，防止未经授权的访问，采用数据加密技术成为必要手段。

数据加密技术通过算法将原始数据转换成一种只有授权用户才能解读的格式。在数据传输和存储过程中，即使数据被截获或窃取，也无法被未经授权的用户读取或利用。这种加密过程可以是静态的，即对整个数据文件或数据库进行加密；也可以是动态的，即在数据传输过程中对数据进行实时加密。通过数据加密技术的应用，可以大大提高会计信息处理系统的安全性，确保用户数据的机密性得到保障。

（二）访问控制机制

除了数据加密外，访问控制机制也是安全性设计中的重要组成部分。访问控制机制通过对用户身份的验证和授权管理，确保只有经过授权的用户才能访问会计信息处理系统，从而防止未经授权的访问和操作。在会计信息智能化处理系统中，访问控制机制通常包括用户身份验证、角色权限管理、审计跟踪等功能。用户身份验证通过密码、生物识别等方式验证用户身份的真实性；角色权限管理则根据用户的角色和职责分配不同的操作权限；审计跟踪则记录用户的操作行为，以便后续进行安全审计和追责。通过这些功能的组合应用，可以实现对用户访问行为的严格控制和管理，确保系统的安全性和稳定性。

（三）安全审计与监控

安全审计与监控是安全性设计的另一个重要方面。通过对会计信息处理系统的安全审计和监控，可以及时发现潜在的安全隐患，并采取相应的措施进行防范。安全审计通常包括对用户操作行为的审计、系统安全配置的审计等。通过对用户操作行为的审计，可以发现是否存在异常操作或违规操作；通过对系统安全配置的审计，则可以检查系统的安全策略是否得到有效执行。安全监控则通过实时监控系统的运行状态，及时发现潜在的安全隐患。一旦发现异常情况，系统会立即发出警报并采取相应的措施进行处理，确保系统的安全性和稳定性得到维护。

同时，安全审计与监控的结果还可以作为后续改进和优化的依据。通过对审计和监控数据的分析，可以发现系统中存在的安全漏洞和不足之处，并进行针对性地改进和优化。这种持续改进的过程可以确保会计信息智能化处理系统的安全性始终保持在较高水平。

四、可扩展性

在会计信息智能化处理领域，可扩展性是一项至关重要的特性。它允许系统灵活应对用户不断变化的需求，快速添加新功能或修改旧功能，从而保持系统的先进性和适应性。

（一）快速响应业务需求

随着企业的发展和市场环境的变化,会计信息的处理需求也在不断变化。一个具备良好可扩展性的会计信息系统,能够迅速响应这些变化,通过添加新功能或修改现有功能来满足新的业务需求。这种快速响应能力,使企业能够保持竞争优势,抓住市场机遇,实现持续发展。

（二）灵活适应技术发展

一个可扩展的会计信息系统,能够灵活适应这些技术的发展,将新技术引入系统,提升系统的性能和功能。例如,可以引入人工智能和机器学习技术,实现自动化数据处理和智能分析,提高会计信息的处理效率和准确性。

（三）降低维护成本

一个可扩展的会计信息系统,在设计和开发时考虑了未来的扩展需求,因此其结构清晰、代码规范、易于维护。当需要添加新功能或修改旧功能时,开发人员可以迅速定位到相关代码,进行快速修改和扩展。这大大降低了系统的维护成本,提高了开发效率。

（四）提高用户体验

可扩展性不仅关注系统的功能扩展,还关注用户体验的提升。一个可扩展的会计信息系统,能够根据用户的反馈和需求,不断优化用户界面和操作流程,提供更加便捷、高效的服务。同时,系统还能够根据用户的个性化需求,提供定制化的功能和服务,满足用户的多样化需求。

（五）支持多租户模式

在会计信息智能化处理中,多租户模式是一种常见的架构方式。多租户模式允许多个企业或个人用户在同一个平台上使用,共享基础设施和资源。一个可扩展的会计信息系统,能够支持多租户模式,为不同用户提供个性化的服务和功能。同时,系统还能根据租户的需求和规模,动态分配计算资源和存储空间,实现资源的最大化利用。

为了实现可扩展性,会计信息智能化处理系统在设计时需要遵循一些基本原则。首先，系统应该采用模块化的设计思想，将不同功能划分为独立的模块，降低模块之间的耦合度。这样，当需要添加新功能或修改旧功能时，只需要关注相关模块的代码，而不会影响其他模块的运行。其次，系统应该采用标准化的接口和协议，方便不同模块之间的数据交换和通信。这样可以降低系统的复杂性和维护成本。最后，系统应该具备良好的可配置性和可定制性，允许用户根据自身需求进行个性化配置和定制。

可扩展性是会计信息智能化处理中不可或缺的一项特性。它允许系统快速响应业务需求、灵活适应技术发展、降低维护成本、提高用户体验并支持多租户模式。为了实现可扩展性，系统需要遵循模块化、标准化和可配置化的设计原则。

五、模块化设计

在会计信息智能化处理系统的构建中，模块化设计是确保系统可维护性、可扩展性和灵活性的关键。通过将系统划分为多个独立且相互关联的模块，可以显著简化开发过程，提高系统的可维护性，并降低长期维护成本。

（一）简化开发流程

模块化设计通过将复杂的会计信息处理系统划分为多个独立的模块，每个模块负责实现特定的功能或业务逻辑。这种方式使得开发人员可以并行工作，每个团队或个人负责一个或多个模块的开发和测试。这不仅提高了开发效率，还使得开发过程更加清晰和可控。同时，模块化设计允许开发人员根据业务需求的变化，独立地修改和更新特定模块，而无需对整个系统进行大规模的修改。

（二）提高可维护性

模块化设计使得会计信息智能化处理系统的可维护性大大提高。由于每个模块都具有明确的功能和接口定义，因此当系统出现故障或需要进行维护时，可以迅速定位到问题所在的模块，并对其进行针对性的修复或更新。此外，模块化设计还允许在不影响其他模块运行的情况下，对特定模块进行升级或替换，从而提高系统的稳定性和可靠性。

（三）增强可扩展性

随着业务的发展和技术的进步，会计信息智能化处理系统需要不断扩展和升级。模块化设计使得系统的扩展变得更加容易和灵活。当需要添加新的功能或改进现有功能时，可以通过开发新的模块或修改现有模块来实现。这些新模块可以轻松地集成到系统中。此外，模块化设计还允许系统支持多种数据源和输出格式，以满足不同用户的需求和场景。

（四）促进团队协作和沟通

模块化设计在会计信息智能化处理系统中还有助于促进团队协作和沟通。通过将系统划分为多个模块，每个模块由不同的团队或个人负责开发和维护，可以明确各自的职责和任务范围。这有助于减少团队之间的冲突，提高团队的协同效率。同时，模块化设计还使得开发人员可以更加专注于自己负责的模块，提高开发质量和效率。在模块之间的接口定义明确的情况下，不同团队之间的沟通和协作也会变得更加顺畅和高效。此外，模块化设计还有助于降低系统的复杂性和风险。通过将系统划分为多个独立的模块，每个模块都具有明确的功能和接口定义，可以使得整个系统的复杂性和风险得到降低。当某个模块出现问题时，可以迅速定位问题并修复问题，而不会对整个系统造成严重影响。这种分散风险的方式有助于提高系统的稳定性和可靠性。

模块化设计是会计信息智能化处理系统的可维护性基石。通过发挥简化开发流程、提高可维护性、增强可扩展性以及促进团队协作和沟通等方面的优势，模块化设计使得会计信息智能化处理系统能够更好地满足业务需求和技术发展的要求。因此，在构建会计信息智能化处理系统时，应该充分考虑模块化设计的重要性，并将其贯穿于整个系统设计和开发过程中。

第三节　云计算在会计数据存储中的应用

一、高效存储

在会计信息智能化处理的背景下，高效存储成为一个重要的支撑点。利用云计算的分布式存储技术，会计信息系统能够实现高效、可靠、灵活的数据存储，为企业的财务管理提供强大的支持。

（一）分布式存储技术的基础

云计算的分布式存储技术为会计信息的高效存储提供了强有力的技术支撑。该技术通过将数据分散存储在多个物理节点上，实现了数据的冗余备份和负载均衡。这种分散存储的方式不仅提高了数据的可靠性和可用性，还使得数据的访问和传输更加高效。在会计信息智能化处理中，分布式存储技术可以确保会计数据的完整性和安全性，避免因单点故障导致的数据丢失或损坏。

（二）海量数据的处理能力

随着企业规模的扩大和业务的发展，会计数据呈现出爆炸式增长的趋势。传统的存储方式往往难以应对如此庞大的数据量。而云计算的分布式存储技术可以轻松应对海量数据的存储需求。通过动态扩展存储节点，系统可以实时增加存储容量，满足不断增长的数据存储需求。同时，分布式存储技术还具备高效的数据处理能力，能够快速地完成数据的读写操作，为会计信息的高效处理提供保障。

（三）灵活的数据访问与共享

在会计信息智能化处理中，数据的访问和共享是一个重要的环节。云计算的分布式存储技术提供了灵活的数据访问和共享机制。用户可以通过统一的接口和协议，随时随地访问存储在云端的会计数据。同时，系统还支持多用户并发访问和数据共享，使得不同部门或团队之间可以实时共享会计数据，提高工作效率和协同能力。

(四) 安全与隐私保护

在高效存储的同时，数据的安全和隐私保护也是至关重要的。云计算的分布式存储技术采用了多种安全措施和技术手段，确保会计数据的安全性和隐私性。首先，系统会对数据进行加密存储和传输，防止数据在传输过程中被窃取或篡改。其次，系统会对访问权限进行严格控制，确保只有授权用户才能访问和操作会计数据。此外，系统还会定期进行数据备份和恢复测试，确保在出现故障或意外情况时能够迅速恢复数据。在会计信息智能化处理中，高效存储的实现离不开云计算技术的支持。云计算的分布式存储技术，会计信息系统可以实现高效、可靠、灵活的数据存储和访问。这不仅可以提高会计信息的处理效率和准确性，还可以降低企业的 IT（Information Technology）成本和维护成本。同时，高效存储还能够支持多租户模式、海量数据处理和灵活的数据访问与共享等需求，为企业的财务管理提供更加全面和高效的支持。

为了充分发挥高效存储在会计信息智能化处理中的作用，企业还需要关注以下几个方面。首先，需要选择成熟可靠的云计算服务提供商，确保数据的安全性和稳定性。其次，需要根据自身的业务需求和数据规模，合理规划存储资源的配置和使用。最后，需要建立完善的数据备份和恢复机制，确保在出现故障或意外情况时能够迅速恢复数据。

二、数据备份与恢复

在会计信息智能化处理的过程中，数据的完整性和安全性至关重要。为了确保数据不会因硬件故障、人为错误或其他意外情况而丢失，提供多备份和冗余存储成为不可或缺的一环。

(一) 数据备份的重要性

在会计信息智能化处理中，数据备份是确保数据安全性的基础。通过定期或实时备份，可以将重要数据存储在安全的位置，以防止因硬件故障、自然灾害或其他不可预见的事件导致的数据丢失。这种备份方式可以确保数据的完整性和可用性，为企业持续运营提供重要保障。

（二）多备份策略的实施

为了确保数据备份的可靠性和有效性，应采用多备份策略。具体而言，可以将数据备份到不同的存储介质和位置，例如硬盘、磁带、云存储等。同时，还可以采用增量备份、全量备份或差异备份等方式，以满足不同业务需求和数据恢复要求。多备份策略可以确保在单一备份介质或位置出现故障时，仍然可以从其他备份中恢复数据。

（三）冗余存储的应用

除了多备份策略，冗余存储也是确保数据安全性的重要手段。冗余存储通过在多个存储设备上存储相同的数据副本，以增加数据的可靠性和可用性。当某个存储设备出现故障时，可以从其他存储设备中读取数据副本，以确保业务的连续性。在会计信息智能化处理中，可以采用磁盘阵列技术(Redundant Arrays Independent Disks,RALC) 等实现冗余存储，以提高数据的可靠性和安全性。

（四）数据恢复流程的优化

在数据备份与恢复的过程中，数据恢复流程的优化同样重要。一个高效的数据恢复流程可以确保在数据丢失后能够迅速恢复业务运营。为此，需要制订详细的数据恢复计划，并定期进行演练和测试。同时，还需要确保备份数据的可读性和可用性，以便在需要时能够顺利恢复数据。此外，为了提高数据恢复的效率，可以采用自动化恢复工具和技术，减少人工干预和错误的可能性。在会计信息智能化处理中，数据备份与恢复不仅是一个技术问题，更是一个管理问题。需要建立完善的备份与恢复制度，明确备份和恢复的频率、范围、方式等要求，并加强员工培训和安全意识教育。同时，还需要定期评估备份与恢复策略的有效性，并根据业务需求和技术发展进行调整和优化。

数据备份与恢复是会计信息智能化处理中的关键保障。通过实施多备份策略、应用冗余存储、优化数据恢复流程以及利用新技术等，可以确保数据的完整性和安全性，为企业持续运营提供有力保障。

三、数据加密

在会计信息智能化处理的背景下，数据的安全性和隐私性成为至关重要的因素。数据加密作为一种有效的数据保护手段，对于确保会计信息的保密性、完整性和可用性具有不可替代的作用。

（一）保障数据隐私性

会计信息通常包含企业的核心财务数据和敏感信息，如财务报表、客户数据、供应商信息等。这些数据一旦泄露，会对企业造成严重的经济损失和声誉损害。因此，对存储在云端的数据进行加密处理，可以确保数据在传输和存储过程中的隐私性，防止未经授权的访问。通过采用强加密算法和密钥管理机制，可以确保数据在云端的安全性，即使发生物理或网络攻击，也能有效保护数据不被窃取或篡改。

（二）满足法律法规要求

随着数据保护法规的不断完善，如欧盟《通用数据保护条例》（General Data Protection Regulation，简称 GDPR）和《中华人民共和国数据安全法》等，人们对数据的保护要求日益严格。企业需要对存储在云端的数据进行加密处理，以符合这些法律法规的要求，规避因数据泄露或数据违规使用而面临的法律风险。

（三）增强系统安全性

数据加密不仅可以保护数据的隐私性，还可以增强会计信息系统的整体安全性。通过对关键数据和敏感信息进行加密处理，可以防止恶意攻击者利用漏洞或后门攻击系统，窃取或篡改数据。此外，数据加密还可以与身份验证、访问控制等安全机制相结合，构建多层次的安全防护体系，提高系统的整体安全性。

（四）支持远程办公和移动应用

随着远程办公和移动应用的普及，会计信息的访问和使用场景变得越来越复杂。数据加密可以确保在远程办公和移动应用过程中，会计信息的安全性和隐私性得到保障。通过采用端到端加密、传输加密等技术手段，可以确保会计信息在传输过程中的安全性，防止数据在传输过程中被窃取或篡改。同时，对于存储在移动设备上的会计信息，也可以采用移动加密技术，确保数据在移动设备上的安全性和隐私性。

（五）促进数据共享和协作

在会计信息智能化处理中，数据的共享和协作是一个重要的环节。通过数据加密技术，可以实现安全的数据共享和协作，避免数据在共享和协作过程中被未经授权的访问或泄露。例如，在多个部门或团队之间共享会计信息时，可以采用共享加密技术，确保只有授权用户才能访问和使用共享数据。同时，通过加密技术的支持，还可以实现跨组织、跨地域的数据共享和协作，提高协同工作的效率。在会计信息智能化处理中，数据加密技术的应用需要遵循一定的原则和规范。首先，需要选择合适的加密算法和密钥管理机制，确保加密过程的安全性和可靠性。其次，需要建立完善的密钥管理体系和访问控制机制，确保只有授权用户才能访问和使用加密数据。此外，还需要定期对加密数据进行备份和恢复测试，确保在出现故障或意外情况时能够迅速恢复数据。

数据加密在会计信息智能化处理中发挥着重要的作用。通过采用合适的加密算法和密钥管理机制，可以确保会计信息的隐私性和安全性得到保障。

四、访问控制

在会计信息智能化处理过程中，数据的访问控制是确保数据安全、防止数据泄露的重要措施。通过严格的访问控制策略，可以限制用户对数据的访问权限，确保只有经过授权的用户才能访问和处理相关数据。

（一）权限管理与授权机制

访问控制的核心在于权限管理与授权机制。在会计信息智能化处理系统中，需要建立一套完善的权限管理体系，明确不同用户或用户组对数据资源的访问权限。这些权限可以基于用户的角色、职责、部门等因素进行划分，确保每个用户只能访问其所需的数据资源。同时，系统应提供灵活的授权机制，允许管理员根据业务需求动态调整用户的访问权限。

（二）身份验证与认证

为了确保访问控制的有效性，需要对用户进行身份验证和认证。身份验证是确认用户身份的过程，通常通过用户名和密码、生物识别技术等方式实现。而认证则是验证用户是否具有访问特定数据资源的权限。在会计信息智能化处理系统中，应采用高强度的身份验证和认证技术，确保只有经过验证和认证的用户才能访问系统。

（三）访问审计与监控

访问审计与监控是访问控制的重要组成部分。通过对用户访问行为的审计和监控，可以及时发现未经授权的访问行为或异常操作，并采取相应的措施进行处理。在会计信息智能化处理系统中，应建立完整的访问审计与监控机制，记录用户的登录、访问、操作等行为，并定期对审计日志进行分析和评估。此外，系统还应提供实时监控功能，对异常行为进行实时告警和拦截。

（四）安全策略与合规性

访问控制策略的制定和实施需要遵循相关的安全标准和法规要求。在会计信息智能化处理中，应充分考虑数据保护、隐私保护等方面的法规要求，制定符合标准的安全策略。这些策略应明确数据访问的权限范围、访问方式、访问时间等要求，并确保所有用户都遵守这些策略。同时，系统还应支持对安全策略进行定期审查和更新，以适应业务需求和技术发展的变化。

除了以上四个方面，访问控制还需要与其他安全措施相结合，形成一个完整的安全防护体系。例如，可以与数据加密技术结合，对敏感数据进行加密存储和传输；可以与防火墙、入侵检测系统等安全设备结合，提高系统的整体安全性。

在会计信息智能化处理中，访问控制是确保数据安全的重要措施。通过严格的权限管理与授权机制、身份验证与认证、访问审计与监控以及符合标准的安全策略等措施的实施，可以限制用户对数据的访问权限，防止数据泄露和未经授权的访问行为的发生。同时，这些措施还可以提高系统的整体安全性，为企业的持续发展提供有力保障。因此，在构建会计信息智能化处理系统时，应充分考虑访问控制的重要性，并采取相应的措施来确保数据的安全性和完整性。

五、成本优化

随着会计信息智能化处理的不断发展，成本优化成为企业实施智能化处理时不可忽视的一环。通过利用云服务，企业按需付费，从而显著降低会计信息处理的成本。

（一）降低硬件投资成本

传统的会计信息处理系统通常需要企业购买大量的硬件设备，如服务器、存储设备、网络设备等，这些设备的购置和维护成本往往非常高昂。而采用云服务的会计信息智能化处理系统，企业无需购买这些硬件设备，而是租用云服务提供商的服务器和存储资源，按需付费使用。这种方式可以显著降低企业的硬件投资成本，使企业避免资源浪费。

（二）减少运维成本

除了硬件设备的购置成本，传统会计信息处理系统的运维成本也非常高。企业需要雇用专业的 IT 人员来维护和管理这些硬件设备，包括设备的安装、配置、升级、备份、恢复等。而采用云服务的会计信息智能化处理系统，这些运维工作都由云服务提供商负责，企业可以大大减轻运维负担，降低运维成本。云服务提供商通常拥有专业的技术团队和先进的运维管理系统，能够确保系统的稳定运行和数据安全。

（三）提高资源利用效率

传统会计信息处理系统中的硬件设备往往存在资源浪费的情况。由于硬件设备的性能和容量有限，企业往往需要购买多台设备来满足业务需求，而这些设备往往不能得到充分利用。而采用云服务的会计信息智能化处理系统，企业可以根据实际需求动态调整资源投入，实现资源的最大化利用。云服务提供商通常拥有大量的服务器和存储资源，可以根据企业的业务需求动态分配资源，确保系统的稳定性和性能。

（四）优化成本结构

采用云服务的会计信息智能化处理系统，可以优化企业的成本结构，使企业能够更加灵活地应对市场变化和业务需求。企业可以根据实际业务需求，按需付费使用云服务，避免了一次性投入大量资金购买硬件设备的风险。同时，企业还可以根据业务需求的变化，随时调整资源投入和成本支出，保持成本结构的灵活性和可调整性。

在会计信息智能化处理中，成本优化不仅体现在硬件投资成本的降低和运维成本的减少上，还体现在资源利用效率的提高和成本结构的优化上。通过采用云服务的会计信息智能化处理系统，企业可以更加灵活地调整资源投入和成本支出，提高资源利用效率，降低总体成本。这种成本优化的方式可以帮助企业更好地应对市场变化和业务需求，提高企业的竞争力和盈利能力。当然，在采用云服务的会计信息智能化处理系统时，企业也需要注意一些潜在的风险和挑战。例如，云服务提供商的服务质量和数据安全性需要得到保障，企业需要选择信誉良好、技术实力雄厚的云服务提供商进行合作。同时，企业也需要建立完善的云服务使用和管理制度，确保云服务的安全性和稳定性。

第四节 云计算在会计软件服务中的应用

一、软件云化

随着云计算技术的快速发展和普及，软件云化已成为会计信息智能化处理的新趋势。通过软件云化，企业可以将会计软件部署在云端，实现跨地域协作和多用户共用一套软件，从而提高工作效率、降低成本并增强数据安全性。

（一）跨地域协作的便捷性

软件云化使得会计信息的处理不再受地域限制。无论是位于公司总部、分支机构还是远程办公的员工，只要拥有相应的访问权限，就可以随时随地通过云端会计软件进行工作。这种跨地域协作的便捷性极大地提高了会计工作的灵活性和效率，使得企业能够更快速地响应市场变化和业务需求。

（二）多用户共用一套软件

在传统模式下，每个用户都需要在自己的计算机上安装会计软件，这不仅增加了企业的软件采购成本和软件维护成本，还可能导致版本不统一、数据不一致等问题。而软件云化则允许多个用户共用一套软件，通过云端服务器进行集中管理和维护。这种方式不仅降低了企业的成本，还确保了数据的统一性和一致性，提高了会计工作的准确性和效率。

（三）数据安全性的增强

云端会计软件通常具备更高级别的数据安全保护措施。通过采用数据加密、访问控制、备份恢复等技术手段，可以确保会计数据在传输和存储过程中的安全性。此外，云端服务提供商通常还具备专业的安全团队和严格的安全管理制度，能够及时发现并应对各种安全威胁和风险。因此，软件云化能够为企业提供更高级别的数据安全保障。

（四）灵活性和可扩展性的提升

云端会计软件通常具备更高的灵活性和可扩展性。企业可以根据自身业务需求的变化随时调整软件的配置和功能，以满足不同场景下的工作需求。此外，云端服务提供商还可以根据企业的需求提供定制化的解决方案，帮助企业更好地应对市场变化和业务挑战。这种灵活性和可扩展性使得软件云化成为会计信息智能化处理的重要选择。

（五）智能化处理能力的提升

软件云化还为会计信息智能化处理提供了更多可能性。通过利用云计算的强大计算能力和大数据处理能力，可以实现更高级别的数据分析和预测功能。例如，企业可以利用云端会计软件对财务数据进行深入挖掘和分析，发现潜在的商业机会和风险点；同时，还可以结合人工智能技术实现自动化审计、智能报表生成等功能，进一步提高会计工作的智能化水平。

软件云化是会计信息智能化处理的重要趋势之一。通过实现跨地域协作、多用户共用一套软件、增强数据安全性、提高灵活性和可扩展性以及提升智能化处理能力等方面的优势，软件云化能够为企业带来更高效、更便捷、更安全的会计信息处理体验。因此，在构建会计信息智能化处理系统时，企业应充分考虑软件云化的重要性和优势，并积极采用相关技术和服务来推动企业的数字化转型和升级。

二、实时更新

在数字化时代，会计信息智能化处理已成为企业运营不可或缺的一部分。实时更新是确保会计信息准确性和时效性的关键。

（一）数据集成与自动化采集

会计信息智能化处理的实时更新首先依赖于数据集成与自动化采集技术。这一技术能够将企业内外的各类数据（如销售数据、库存数据、财务数据等）进行集成，并通过预设的规则和算法自动采集到会计系统中。数据集成确保了信息的全面性和一致性，而自动化采集则大大提高了数据更新的速度和效率。通过实时采集的数据，企业能够及时了解经营状况，为决策提供有力支持。

（二）实时分析与智能预测

在获取到实时数据后，会计信息系统将利用内置的算法和分析模型对数据进行实时分析。实时分析包括财务分析、成本控制、风险管理等多个方面。通过实时分析，企业能够迅速发现经营中的问题和机会，并采取相应的措施。此外，会计信息系统还能够根据历史数据和当前趋势进行智能预测，为企业未来的经营决策提供参考。这种基于实时数据的分析和预测，使企业的决策更加精准和有效。

（三）自动化流程与智能审批

在会计信息智能化处理中，自动化流程和智能审批是确保实时更新的重要环节。通过预设的规则和算法，会计信息系统能够自动完成一些重复性和规律性的工作，如凭证录入、报表生成等。这不仅提高了工作效率，还减少了人为错误的可能性。同时，智能审批功能能够根据预设的条件和规则自动审核和批准一些简单的财务事项，如费用报销、采购订单等，这大大加快了审批流程的速度，提高了企业的运营效率。

（四）安全监控与风险管理

实时更新会计信息智能化处理的过程中，安全监控和风险管理同样不可忽视。会计信息系统需要建立完善的安全监控机制，确保数据的安全性和完整性。这包括数据加密、访问控制、安全审计等多个方面。同时，系统还需要具备风险识别和预警功能，能够及时发现潜在的风险点，并采取相应的措施进行防范。这种安全监控和风险管理机制能够为企业的会计信息安全提供有力保障。

除了以上四个方面，实时更新会计信息智能化处理还需要考虑其他因素，如系统的稳定性和可扩展性、人员的培训和支持等。企业需要综合考虑这些因素，确保会计信息智能化处理系统能够持续、稳定、高效地运行。

实时更新是会计信息智能化处理的重要特点之一。通过数据集成与自动化采集、实时分析与智能预测、自动化流程与智能审批以及安全监控与风险管理等多个方面的综合应用，企业能够确保会计信息的准确性和时效性，为经营决策提供有力支持。同时，企业还需要关注系统的稳定性和可扩展性、人员的培训和支持等因素，确保会计信息智能化处理系统能够持续、稳定、高效地运行。

三、定制化服务

在会计信息智能化处理领域，定制化服务成为满足企业个性化需求的关键手段。通过提供定制化的会计软件服务，企业可以更加高效、准确地处理会计信息，提升财务管理的效率和质量。

（一）满足企业个性化需求

不同企业在财务管理和会计信息处理方面存在不同的需求和特点。传统的会计软件往往难以满足企业的个性化需求，而定制化服务则可以根据企业的具体需求进行个性化定制，确保软件功能与企业实际需求相匹配。通过深入了解企业的业务流程、管理模式和数据需求，定制化服务可以为企业量身定制一套符合其特点的会计软件，从而更好地满足企业的个性化需求。

(二) 提高软件适用性和易用性

定制化服务不仅可以根据企业的需求定制软件功能，还可以优化软件的界面设计和操作流程，提高软件的适用性和易用性。通过与企业紧密合作，定制化服务可以确保软件界面友好、操作流程简单明了，降低企业员工的学习成本和使用难度。同时，定制化服务还可以根据企业的实际需求进行软件功能的调整和优化，确保软件能够更好地适应企业的业务和管理需求。

(三) 增强软件的安全性和稳定性

在会计信息智能化处理中，软件的安全性和稳定性至关重要。定制化服务可以根据企业的实际安全需求，为软件提供专门的安全保障措施。例如，可以为软件添加数据加密、访问控制、日志审计等功能，确保会计数据在传输、存储和使用过程中的安全性和保密性。此外，定制化服务还可以对软件进行定期的安全漏洞扫描和修复，确保软件始终处于安全、稳定的状态。

(四) 提供持续的技术支持和维护

定制化服务不仅提供软件的开发和定制服务，还提供持续的技术支持和维护服务。这包括软件的安装、配置、调试、升级等技术支持服务，以及软件的日常维护和故障排查等维护服务。通过提供持续的技术支持和维护服务，定制化服务可以确保会计软件始终处于良好的运行状态，为企业提供稳定、可靠的会计信息处理服务。

(五) 促进企业与软件开发商的紧密合作

定制化服务强调企业与软件开发商之间的紧密合作。通过深入了解企业的需求和问题，软件开发商可以为企业提供更加专业、有针对性的解决方案。同时，企业也可以将自身的使用经验反馈给软件开发商，促进软件的持续改进和优化。这种紧密的合作关系可以形成良性的互动循环，推动会计信息智能化处理技术的不断发展和创新。

在会计信息智能化处理中，定制化服务具有重要的应用价值。通过满足企业的个性化需求、提高软件的适用性和易用性、增强软件的安全性和稳定性、提供持续的技术支持和维护以及促进企业与软件开发商的紧密合作，定制化服务可以为企业提供更加高效、准确、安全的会计信息处理服务。这不仅可以提升企业的财务管理效率和质量，还可以为企业的发展提供有力的支持。因此，在推进会计信息智能化处理中，应充分重视定制化服务的应用和发展。

四、人工智能集成

随着人工智能技术的不断发展，其在会计信息智能化处理中的应用越来越广泛。通过将人工智能技术集成到会计软件中，可以实现智能记账、智能分类等功能，极大地提高会计工作的效率和准确性。

（一）智能记账：自动化与准确性

智能记账是人工智能技术在会计信息处理中最直接的应用之一。传统的记账过程需要人工输入大量的财务数据，不仅耗时耗力，而且容易出错。而智能记账系统则能够自动识别并提取财务数据中的关键信息，如日期、金额、科目等，并自动进行记账处理。这不仅大大减少了人工输入的工作量，还提高了记账的准确性和效率。在智能记账的过程中，人工智能技术可以运用自然语言处理和机器学习算法来解析和理解财务文档。例如，系统可以自动读取银行对账单、发票、合同等文件，并提取其中的财务数据。同时，通过智能算法的学习，系统能够不断提高对财务数据的识别和处理能力，使得记账过程更加智能化和自动化。

（二）智能分类：提高数据处理效率

智能分类是人工智能技术在会计信息处理中的另一个重要应用。在企业的日常运营中，会产生大量的财务数据，包括各种交易记录、凭证、报表等。这些数据需要进行分类和整理，以便进行后续的财务分析和管理。然而，传统的手动分类方式不仅效率低下，而且容易出现分类错误。通过集成人工智能技术，可以实现智能分类功能。系统可以根据预设的分类规则和算法，自动对财务数据进行分类和整理。例如，系统可以根据交易类型、金额大小、时间等因素，将交易记录自动分类到不同的科目或账户中。这种智能分类方式不仅提高了数据处理的效率，还减少了分类错误的可能性，使得财务数据更加准确和可靠。

(三) 智能分析与预测：提供决策支持

除了智能记账和智能分类，人工智能技术在会计信息智能化处理中还可以实现智能分析与预测功能。通过对历史财务数据的深度学习和分析，系统可以发现数据中的规律和趋势，并预测未来的财务表现。这种智能分析与预测功能可以为企业提供重要的决策支持，帮助企业更好地制订财务战略和业务计划。在智能分析与预测过程中，人工智能技术可以运用数据挖掘、机器学习、深度学习等算法，对财务数据进行深入分析和挖掘。例如，系统可以通过分析销售数据、成本数据、利润数据等，预测未来的销售趋势、成本变动和利润水平。同时，系统还可以根据企业的战略目标和市场环境，制定相应的财务预测模型和方案，为企业提供更全面、更准确的决策支持。

人工智能集成是会计信息智能化处理的重要方向之一。通过实现智能记账、智能分类和智能分析与预测等功能，可以极大地提高会计工作的效率和准确性，为企业提供更全面、更准确的财务信息支持。

第五节　云计算的安全性与合规性

一、数据保护

在会计信息智能化处理中，数据保护是一项至关重要的任务。由于会计信息涉及企业的核心财务数据、商业机密以及个人隐私，因此必须采取一系列有效的措施来保护这些数据的安全性，防止未经授权的访问和滥用。

(一) 数据加密确保数据安全性

数据加密是数据保护中的一项核心技术，它通过对数据进行加密处理，使得只有持有相应密钥的用户才能访问和解密数据。在会计信息智能化处理中，数据加密技术被广泛应用于保护会计数据的安全性。通过采用先进的加密算法和密钥管理技术，可以对会计数据进行加密存储和传输，确保数据在存储和传输过程中不会被未经授权的用户窃取或篡改。同时，数据加密还可以提供数据的完整性验证机制，确保数据在传输过程中未被篡改或损坏。

（二）访问控制保障数据隐私性

除了数据加密，访问控制也是数据保护的重要手段之一。在会计信息智能化处理中，访问控制可以确保只有经过授权的用户才能访问和使用会计数据。通过实施严格的身份认证和权限管理机制，可以限制不同用户对会计数据的访问权限，防止未经授权的用户访问敏感数据。同时，访问控制还可以记录用户的访问行为，便于事后审计和追溯。这些措施可以有效地保护会计数据的隐私性，防止数据泄露和滥用。

（三）安全审计增强数据可信度

安全审计是数据保护中的另一个重要环节。在会计信息智能化处理中，安全审计可以记录和分析会计数据的访问和使用情况，发现潜在的安全风险并及时进行处置。通过实施安全审计机制，可以监控用户对会计数据的访问行为、数据修改记录以及系统操作日志等信息，确保数据的完整性和可信度。同时，安全审计还可以为事后追责提供依据，帮助企业及时应对数据泄露和滥用等安全事件。

（四）持续更新和维护确保数据保护效果

随着技术的不断发展和安全威胁的不断变化，数据保护措施也需要不断更新和维护以保持其有效性。在会计信息智能化处理中，需要定期评估当前的数据保护措施是否足够应对最新的安全威胁，并根据需要进行更新和改进。这包括更新加密算法、加强访问控制策略、完善安全审计机制等。同时，还需要对会计信息系统进行定期的安全漏洞扫描和修复工作，确保系统不存在已知的安全漏洞和隐患。通过持续更新和维护数据保护措施，可以确保会计信息的智能化处理始终处于安全、可靠的状态。

数据保护在会计信息智能化处理中具有举足轻重的地位。通过采用数据加密、访问控制等措施可以有效地保护用户数据不被未经授权访问或滥用，保障会计信息的安全性和隐私性。同时，通过实施安全审计和持续更新维护等机制可以增强数据的可信度和保护效果。因此，在推进会计信息智能化处理的过程中必须高度重视数据保护工作并将其纳入整体战略规划中。

二、隐私保护

在会计信息智能化处理的过程中，隐私保护是一项至关重要的任务。随着数据处理的日益复杂化和自动化，用户个人信息的保护显得尤为重要。

（一）法规遵从与合规性

在会计信息智能化处理中，严格遵守隐私保护法规是首要原则。各国都制定了相关的数据保护法规，如全国人大常委会于 2021 年 8 月通过的《中华人民共和国个人信息保护法》等，旨在规范数据处理活动，保护用户的合法权益。因此，企业在进行会计信息智能化处理时，必须确保自身操作符合相关法律法规的要求，避免因违法违规而引发的法律风险和信誉损失。

为了实现法规遵从与合规性，企业需要建立完善的隐私保护制度，明确数据的收集、使用、存储和传输等方面的规定。同时，企业还应加强对员工的培训和教育，增强员工的隐私保护意识，确保员工在工作中能够遵守相关法规和政策。

（二）数据加密与脱敏

数据加密和脱敏是保护用户个人信息的有效手段。在会计信息智能化处理中，企业应对敏感数据进行加密处理，确保数据在传输和存储过程中的安全性。同时，对于不必要展示用户真实信息的情况，可以采用数据脱敏技术，将用户个人信息中的关键信息替换为占位符或进行模糊处理，以减少信息泄露的风险。数据加密和脱敏技术的应用，不仅可以提高数据的安全性，还可以在一定程度上减少数据泄露带来的潜在损失。因此，在会计信息智能化处理过程中，企业应积极探索和应用这些技术，为用户提供更加安全、可靠的服务。

（三）权限管理与访问控制

在会计信息智能化处理中，权限管理和访问控制是确保用户个人信息不被滥用的关键环节。企业应建立完善的权限管理体系，明确不同用户或用户组对数据资源的访问权限。同时，通过身份验证和认证技术，确保只有经过授权的用户才能访问系统。

此外，企业还应建立访问审计和监控机制，记录用户的登录、访问、操作等行为，并定期对审计日志进行分析和评估。一旦发现未经授权的访问行为或异常操作，应立即采取措施进行处理，防止用户个人信息被滥用或泄露。

（四）风险评估与应急响应

在会计信息智能化处理中，风险评估和应急响应是确保用户个人信息安全的最后一道防线。企业应定期对系统进行风险评估，识别潜在的安全隐患和漏洞，并制定相应的应对措施。同时，企业还应建立应急响应机制，一旦发生数据泄露或其他安全事件，能够迅速启动应急响应计划，采取有效措施减少损失。风险评估和应急响应机制的建立，不仅可以帮助企业及时发现和应对潜在的安全风险，还可以增强企业的安全意识和应对能力，为用户个人信息的保护提供更加全面、有效的保障。

隐私保护是会计信息智能化处理中的重要考量。企业应从法规遵从、数据加密与脱敏、权限管理与访问控制以及风险评估与应急响应等方面入手，确保用户个人信息的安全性和合规性。同时，企业还应积极探索和应用新技术、新方法，不断提高会计信息智能化处理的安全性和可靠性。

三、合规性管理

在会计信息智能化处理中，合规性管理是一个不可或缺的环节。随着云计算技术的广泛应用，确保云计算系统遵循各种行业标准和法规，实现法律合规性，对于保障企业会计信息的安全性和可信度至关重要。

（一）遵循行业标准和法规

会计信息智能化处理系统必须遵循所在行业的标准和法规，以确保系统的合规性。这些标准和法规通常包括数据保护、隐私保护、信息安全等方面的要求。通过遵循这些标准和法规，企业可以确保会计信息的处理过程符合法律要求，避免因违规行为而面临法律风险和处罚。

（二）保障数据安全和隐私

合规性管理强调对数据的严格保护和隐私的尊重。在会计信息智能化处理中，数据安全和隐私保护是首要任务。通过实施合规性管理，企业可以确保会计数据的加密存储、访问控制、传输安全等措施得到有效执行，防止数据泄露和滥用。同时，合规性管理还可以要求系统提供数据审计和追溯功能，确保数据的完整性和可信度。

（三）提升系统可靠性和稳定性

合规性管理要求云计算系统具备高可靠性和稳定性。这包括系统的容错能力、备份恢复机制、灾难恢复计划等方面。通过实施合规性管理，企业可以确保会计信息智能化处理系统具备足够的可靠性，避免因系统故障或意外事件导致数据丢失或业务中断。同时，合规性管理还可以要求系统提供监控和告警功能，及时发现和解决潜在的安全风险。

（四）促进跨地区、跨国家的合规性

随着企业业务的全球化发展，会计信息智能化处理系统需要支持跨地区、跨国家的合规性要求。不同国家和地区可能有不同的数据保护、隐私保护、信息安全等法规和标准。通过实施合规性管理，企业可以确保会计信息智能化处理系统能够适应不同国家和地区的法规要求，避免因违反当地法规而面临法律风险和处罚。

（五）建立持续更新和定期维护机制

合规性管理要求企业建立持续更新和定期维护机制，以确保会计信息智能化处理系统始终符合最新的法规和标准要求。随着技术的不断发展和安全威胁的不断变化，新的法规和标准可能会不断出台。通过建立持续更新和定期维护机制，企业可以及时了解最新的法规和标准要求，并对系统进行相应的更新和改进。这不仅可以确保系统的合规性，还可以提升系统的安全性和可靠性。此外，持续更新和定期维护机制还可以帮助企业应对潜在的安全风险。通过定期对系统进行安全漏洞扫描和修复工作，企业可以及时发现并排除潜在的安全隐患，确保系统的稳定性和安全性。

合规性管理在会计信息智能化处理中具有重要的地位。通过遵循行业标准和法规，保障数据安全和隐私，提升系统可靠性和稳定性，促进跨地区、跨国家的合规性以及建立持续更新和维护机制等措施，企业可以确保会计信息智能化处理系统的合规性、安全性和可靠性。这不仅有助于提升企业的财务管理效率和质量，还有助于降低企业的法律风险和声誉风险。因此，在推

进会计信息智能化处理的过程中，企业必须高度重视合规性管理工作并将其纳入整体战略规划中。

四、安全审计

在会计信息智能化处理中，安全审计是一项至关重要的工作。它不仅能够确保系统安全状况良好，还能及时发现和修复潜在的安全漏洞，从而保护用户数据的安全和完整。

（一）安全审计的定义与重要性

安全审计是对会计信息系统进行定期或不定期的安全检查和评估的过程，其目的是确保系统的安全状况良好，符合相关的安全标准和要求。通过安全审计，可以及时发现系统中存在的安全漏洞和隐患，为系统的改进和完善提供依据。在会计信息智能化处理中，安全审计的重要性不言而喻，因为它直接关系到用户数据的安全。

（二）安全审计的内容与范围

安全审计的内容主要包括：系统的物理环境安全、网络安全、系统安全、应用安全和数据安全等。审计范围应覆盖会计信息系统的各个层面，包括硬件设备、网络设施、操作系统、应用软件和数据存储等。通过对这些方面进行全面的检查和评估，可以全面了解系统的安全状况，发现潜在的安全漏洞和隐患。

（三）安全审计的方法与流程

安全审计的方法包括人工审计和自动化审计两种。人工审计主要依赖审计人员的经验和技能，通过手动检查和测试来发现系统中的安全问题。自动化审计则利用专业的安全审计工具和技术，对系统进行自动化的安全检查和评估。安全审计的流程通常包括以下几个步骤：制订审计计划、收集审计证据、进行安全测试、分析审计结果和编写审计报告等。在每个步骤中，都需要遵循相关的标准和要求，确保审计的准确性和可靠性。

（四）安全审计的定期性与持续性

安全审计应定期进行，以确保系统的安全状况始终保持在良好状态。具体的审计周期可以根据系统的实际情况和业务需求来确定，但一般不应超过一年。此外，安全审计还应具有持续性，即随着系统的不断发展和变化，审计的内容和方法也应随之更新和调整。这样可以确保审计的针对性和有效性，及时发现和修复新出现的安全漏洞和隐患。

（五）安全审计结果的利用与改进

安全审计的结果对于系统的改进和完善具有重要意义。通过审计结果的分析和评估，可以了解系统中存在的安全问题和漏洞，为系统的修复和加固提供依据。同时，审计结果还可以用于指导系统的日常管理和运维工作，提高系统的安全性和稳定性。在安全审计的过程中，还需要注意以下几点：一是要确保审计的独立性和客观性，避免利益冲突和主观偏见。二是要加强对审计人员的培训和教育，提高其安全意识和技能水平。三是要建立完善的安全管理制度和应急预案，确保在发生安全事件时能够及时响应和处理。

安全审计是会计信息智能化处理的关键环节。通过定期进行安全审计，可以确保系统的安全状况良好，及时发现和修复潜在的安全漏洞和隐患。同时，安全审计还可以为系统的改进和完善提供依据，提高系统的安全性和稳定性。因此，在会计信息智能化处理中，应高度重视安全审计工作，确保其得到有效实施。

第四章 人工智能与会计智能化

第一节 人工智能技术在会计领域的应用

一、自动化账务处理

随着信息技术的迅猛发展，自动化账务处理在会计信息智能化处理中扮演着越来越重要的角色。通过利用自然语言处理和机器学习技术，系统能够自动识别和分类发票、账单等财务文档，极大地减少了人工录入和核对的工作量，提高了会计信息的处理效率和准确性。

（一）自然语言处理技术的运用

自然语言处理技术是自动化账务处理的关键。在会计信息智能化处理中，NLP 技术能够理解和解析财务文档中的文本信息，如发票上的供应商名称、商品名称、金额等。通过训练模型，系统可以自动从文档中提取出关键信息，并将其分类和整理到相应的会计科目中。这极大地提高了财务数据的处理速度，减少了人工干预。

（二）机器学习的应用

机器学习技术为自动化账务处理提供了强大的支持。通过对大量的财务文档进行学习和训练，机器学习模型能够识别出文档中的模式和规律，并据此自动进行分类和判断。例如，系统可以根据历史数据自动判断发票的真实性和有效性，或者根据账单上的金额和日期自动进行账务处理。这种智能化的处理方式不仅提高了工作效率，还降低了错误率。

（三）提高数据处理效率和准确性

自动化账务处理显著提高了会计信息的处理效率和准确性。传统的财务处理方式需要人工录入和核对大量的财务数据，不仅耗时耗力，而且容易出错。而自动化账务处理系统可以自动完成这些工作，减少了人工干预的需要，提高了数据处理的速度和准确性。同时，系统还可以根据预设的规则和逻辑自动进行账务调整和处理，避免了人为因素带来的误差和漏洞。

（四）优化财务管理流程

自动化账务处理不仅提高了会计信息的处理效率和准确性，还优化了财务管理流程。通过自动化处理，企业可以更快地获取到准确的财务数据，为决策提供有力支持。同时，系统还可以自动生成各种财务报表和分析报告，帮助企业更好地了解财务状况和经营成果。此外，自动化账务处理还可以减少人工操作中的错误和疏漏，降低企业的财务风险和损失。然而，自动化账务处理也面临着一些挑战和限制。例如，财务文档的格式和内容可能因供应商或客户而异，这给系统的识别和分类带来了一定的难度。此外，一些特殊的财务情况可能需要人工干预和处理，系统无法完全替代人工。因此，在推进自动化账务处理的过程中，需要综合考虑各种因素，不断完善和优化系统功能和性能。

自动化账务处理在会计信息智能化处理中具有重要的应用价值。通过利用自然语言处理和机器学习技术，系统能够自动识别和分类发票、账单等财务文档，减少了人工录入和核对的工作量，提高了会计信息的处理效率和准确性。同时，自动化账务处理还优化了财务管理流程，为企业的发展提供了有力的支持。随着技术的不断进步和应用场景的不断拓展，自动化账务处理将在会计信息智能化处理中发挥更加重要的作用。

二、智能财务分析

随着信息技术的发展，智能财务分析作为会计信息智能化处理的核心部分，其重要性日益凸显。通过利用先进的算法和工具，对海量财务数据进行深度挖掘和分析，不仅能够揭示企业的财务现状，更能预测未来的趋势，为决策提供有力支持。

（一）数据挖掘：洞察财务数据深层价值

在智能财务分析中，数据挖掘是第一步。通过对大量财务数据的清洗、整合和预处理，运用统计学、机器学习等方法，提取出隐藏在数据背后的有用信息。这些数据可能涉及收入、支出、利润、资产等多个方面，每一个细节都可能成为发现企业运营规律、预测市场趋势的关键。数据挖掘不仅能够帮助企业了解自身的财务状况，还能通过对比行业数据、竞争对手数据等，揭示出企业在市场中的优势和不足，为企业制定更为精准的市场策略提供依据。

（二）财务风险识别：预防潜在损失

财务风险是企业运营中不可避免的一部分，但通过智能财务分析，企业可以更早地发现并预防这些风险。智能财务分析系统能够实时监控企业的财务数据，一旦发现异常波动或潜在风险点，便会立即发出警报，提醒企业及时采取措施。例如，系统可以通过分析应收账款的账龄、坏账率等指标，预测出未来可能出现的坏账损失；或者通过分析库存周转率、存货跌价准备等指标，预测出库存积压的风险。这些预警信息能够帮助企业及时调整经营策略，降低潜在损失。

（三）财务机会发现：把握市场脉搏

除了识别风险外，智能财务分析还能够帮助企业发现潜在的财务机会。通过对市场趋势的预测、竞争对手的分析等，系统能够揭示出未来可能出现的商机或增长点。例如，系统可以通过分析消费者的购买行为、偏好等数据，预测出未来某个产品或服务的市场需求；或者通过分析行业数据、政策动向等，预测出未来某个行业的发展趋势。这些预测信息能够为企业制定更为精准的市场策略、拓展新的业务领域提供有力支持。

（四）决策支持：提供有针对性的建议和解决方案

智能财务分析的核心价值在于为决策提供有力支持。通过对财务数据的深入挖掘和分析，系统能够为企业提供有针对性的建议和解决方案，帮助企业作出更为明智的决策。这些建议可能涉及成本控制、资金管理、投资策略等多个方面。例如，系统可以根据企业的历史财务数据和市场趋势预测，为企业制订更为合理的预算和资金计划；或者根据企业的财务状况和投资目标，为企业推荐合适的投资项目和策略。这些建议能够为企业降低运营成本、提高资金利用效率、实现投资回报最大化等提供有力支持。

智能财务分析作为会计信息智能化处理的重要组成部分，其应用不仅能够帮助企业更好地了解自身的财务状况和市场环境，还能为企业制定更为精准的市场策略、降低潜在损失、把握市场脉搏等提供有力支持。因此，在会计信息智能化处理中，应高度重视智能财务分析的应用和发展。

三、智能审计

随着信息技术的不断进步，智能审计在会计信息智能化处理中发挥着越来越重要的作用。借助机器学习算法，智能审计系统能够自动识别异常交易、检测舞弊行为、预测财务风险等，为审计提供强大的技术支持，提高审计效率和准确性。

（一）异常交易识别

智能审计系统利用机器学习算法对大量交易数据进行深度学习和分析，能够自动识别出与正常交易模式不符的异常交易。这些异常交易可能包括金额异常、频率异常、时间异常等，它们往往是舞弊行为或违规操作的迹象。通过自动识别异常交易，智能审计系统能够快速定位潜在问题，为审计人员提供有针对性的审计线索。

（二）舞弊行为检测

舞弊行为是企业经营中常见的问题之一，它会导致企业遭受经济损失和声誉损害。智能审计系统通过机器学习算法对财务数据进行深度挖掘和分析，能够发现隐藏在数据背后的舞弊行为。例如，系统可以通过分析供应商和客户的交易记录，发现是否存在虚构交易、关联交易等舞弊行为。此外，系统还可以利用图像识别和自然语言处理技术，对财务文档进行深度分析，从而进一步发现潜在的舞弊线索。

（三）财务风险预测

财务风险是企业经营过程中不可避免的问题，如何提前预测和防范财务风险是企业管理的关键。智能审计系统利用机器学习算法对历史财务数据进行学习和分析，能够构建出财务风险预测模型。这些模型可以根据当前的经营状况和市场环境，预测出企业未来可能面临的财务风险。通过提前预测财务风险，企业可以采取相应的措施进行防范和应对，降低潜在的经济损失。

（四）提高审计效率和准确性

智能审计系统通过自动化和智能化的方式处理会计信息，大大提高了审计效率和准确性。传统的审计方式需要人工翻阅大量的财务文档、核对数据、分析报表等，耗时耗力且容易出错。而智能审计系统可以自动完成这些工作，减少了人工干预的需要，提高了审计效率。同时，系统还可以根据预设的规则和逻辑自动进行审计判断和决策，降低了人为因素带来的误差和漏洞，提高了审计准确性。

（五）优化审计流程和方法

智能审计系统的应用不仅提高了审计效率和准确性，还优化了审计流程和方法。传统的审计流程往往依赖于人工操作和判断，容易受到人为因素的影响。而智能审计系统可以根据预设的审计程序和标准自动进行审计操作，减少了人为干预的需要，使得审计流程更加标准化和规范化。此外，系统还可以根据审计结果自动生成审计报告和建议，为企业的经营管理提供有力的支持。

智能审计系统的应用也面临一些挑战和限制。例如，机器学习算法的准确性和可靠性受到数据质量和算法复杂性的影响；同时，系统的自动化程度越高，对审计人员的专业知识和技能要求也越高。因此，在推进智能审计系统的应用过程中，需要综合考虑各种因素，不断完善和优化系统功能和性能。

智能审计在会计信息智能化处理中具有重要的应用价值。通过利用机器学习算法自动识别异常交易、检测舞弊行为、预测财务风险等，智能审计系统能够为审计提供强大的技术支持，提高审计效率和准确性。同时，智能审计系统的应用还优化了审计流程和方法，为企业的经营管理提供了有力的支持。随着技术的不断进步和应用场景的不断拓展，智能审计将在会计信息智能化处理中发挥更加重要的作用。

四、财务报表自动化生成

在会计信息智能化处理领域中，财务报表自动化生成是一项重要的技术进步。它通过自动收集和整理数据，减少了人力和时间消耗，同时降低了人为错误的风险。

（一）提高数据收集与处理效率

财务报表自动化生成的核心在于数据收集与处理的自动化。传统的财务报表编制过程需要手动输入大量数据，并进行繁琐的计算和核对。这不仅耗费大量人力和时间，还容易出错。而财务报表自动化生成系统能够自动从企业的财务系统中获取数据，并按照预设的规则进行计算和整理，大大提高了数据收集与处理的效率。通过自动化处理，企业可以更加快速地完成财务报表的编制工作，降低了财务人员的工作负担。同时，自动化处理还可以减少人为错误的发生，提高财务报表的准确性和可靠性。

（二）增强数据一致性和准确性

财务报表自动化生成系统通过预设的规则和算法，对数据进行自动计算和整理。这些规则和算法都是经过严格测试和验证的，能够确保数据的准确性和一致性。此外，系统还可以自动进行数据校验和比对，及时发现并纠正数据中的错误。

因此，通过财务报表自动化生成系统生成的财务报表具有更高的准确性和可靠性。这不仅可以降低企业的财务风险，还可以提高企业的决策效率和准确性。

（三）实现定制化报表生成

不同的企业对于财务报表的需求可能有所不同。有些企业可能需要按照特定的格式或内容编制财务报表，而有些企业则可能需要更加详细的财务数据分析。财务报表自动化生成系统可以根据企业的需求进行定制化设置，生成符合企业要求的财务报表。这种定制化报表生成的能力可以满足企业不同的需求，提高财务报表的适用性和实用性。同时，定制化报表生成还可以减少企业在报表编制过程中的工作量，降低企业的成本。

（四）便于数据查询和分析

财务报表自动化生成系统通常都具备数据查询和分析的功能。通过系统提供的数据查询和分析工具，用户可以方便地查询和分析财务报表中的数据。这不仅可以帮助用户更好地了解企业的财务状况和经营成果，还可以为企业的决策提供有力支持。此外，系统还可以提供数据可视化工具，将财务数据以图表等形式展示出来，使数据更加直观易懂。这种数据可视化工具可以帮助用户更快地发现问题和规律，提高数据分析和决策的效率。

（五）推动财务管理数字化转型

财务报表自动化生成是财务管理数字化转型的重要组成部分。通过引入自动化生成技术，企业可以逐步实现财务管理的数字化转型，提高财务管理的效率和质量。随着数字化转型的深入推进，企业可以进一步实现财务信息的实时共享和协同处理。这将有助于企业更好地掌握财务信息动态，及时发现和解决财务问题。同时，数字化转型还可以促进财务管理与其他业务领域的深度融合，为企业的战略决策提供更加全面和准确的信息支持。

财务报表自动化生成作为会计信息智能化处理的重要应用之一，在提高企业财务管理效率、降低人为错误风险、满足企业定制化需求、便于数据查询和分析以及推动财务管理数字化转型等方面都发挥着重要作用。因此，企业应积极引入和应用财务报表自动化生成技术，以提升财务管理的水平和竞争力。

五、决策辅助

在会计信息智能化处理背景下，决策辅助的功能变得日益重要。通过对历史数据的学习、分析和预测，智能系统能够为企业决策者提供科学、准确的决策参考和建议，进而优化企业资源配置，提升经营效率。

（一）数据整合与分析

在决策过程中，数据的准确性和完整性对于决策的正确性至关重要。会计信息智能化处理系统能够自动整合企业内部的财务数据，包括财务报表、会计凭证、库存信息等，并将这些数据进行清洗、整理和标准化处理。同时，系统还可以与外部数据源进行对接，如市场数据、行业数据等，形成全面的数据分析体系。通过对这些数据进行深入分析，系统能够揭示出数据背后的规律和趋势，为决策提供有力的数据支持。

（二）资本投资决策支持

资本投资决策是企业经营中的重要环节，它直接关系到企业的长期发展。在会计信息智能化处理中，系统可以运用预测模型和分析工具，对资本投资项目进行评估和预测。通过对项目的投资回报率、风险水平、市场前景等因素的综合分析，系统能够为决策者提供科学的投资建议和决策参考。此外，系统还可以根据企业的资金状况、风险承受能力和战略目标等因素，为企业制定个性化的投资策略和方案。

（三）风险评估与预警

在经营过程中，企业面临着各种潜在的风险，如市场风险、财务风险、运营风险等。会计信息智能化处理系统可以运用机器学习算法和数据分析技术，对企业内部和外部的风险因素进行实时监测和评估。通过对风险因素的量化分析和预警提示，系统能够帮助企业及时发现潜在风险并采取相应的防范措施。同时，系统还可以根据历史数据和当前状况，对企业未来的风险趋势进行预测和分析，为企业制定风险管理策略提供科学依据。

（四）经营决策优化

除了资本投资决策和风险评估，会计信息智能化处理系统还可以为企业的其他经营决策提供优化支持。例如，在成本控制方面，系统可以通过对历史成本数据的分析和预测，为企业制定合理的成本控制目标和措施；在库存管理方面，系统可以通过对库存数据的实时监控和预测，为企业制订合理的库存策略和补货计划；在销售预测方面，系统可以通过对市场数据和销售数据的分析，为企业制定精准的销售预测和营销策略。这些优化决策不仅有助于提高企业的经营效率和市场竞争力，还有助于降低企业的经营成本和风险水平。

值得注意的是，虽然会计信息智能化处理系统在决策辅助方面具有显著的优势，但它并不能完全替代人的决策。因为决策涉及众多的复杂因素，如市场变化、竞争态势、企业战略等，这些因素往往需要人的主观判断和经验积累。因此，在利用会计信息智能化处理系统进行辅助决策时，企业应保持审慎和理性的态度，结合自身的实际情况和市场环境进行综合考虑和判断。

决策辅助在会计信息智能化处理中具有重要的应用价值。通过整合和分析财务数据、提供资本投资决策支持、进行风险评估与预警以及优化经营决策等方面的工作，智能系统能够为企业决策者提供科学、准确的决策参考和建议。这不仅有助于提高企业的决策效率和准确性，还有助于降低企业的经营成本和风险水平。

第二节　智能会计软件的实现原理

一、数据化

在会计信息智能化处理领域，数据化是一个不可或缺的基础步骤。通过将会计工作场景中的信息转化为可处理的数据，为智能会计软件提供了强大的基础数据支持，从而推动了会计工作的智能化进程。

（一）信息转化为数据的必要性

在传统的会计工作中，大量的信息以纸质文档、电子表格等形式存在，这些信息虽然包含了丰富的会计内容，但难以直接用于智能会计软件的分析和处理。因此，将这些信息转化为可处理的数据成为会计信息智能化处理的首要任务。

数据化的过程不仅涉及信息的收集和整理，还包括数据的清洗、转换和标准化。通过对原始信息的清洗和转换，可以去除掉无用的噪声数据，将有用的信息转化为结构化的数据形式，使得智能会计软件能够更容易地进行分析和处理。同时，数据的标准化也确保了不同来源的数据能够相互兼容和比较，为后续的智能化处理提供了基础。

（二）数据化的实施步骤

实施数据化的过程需要遵循一定的步骤，以确保数据的质量和准确性。

首先，需要明确数据化的目标和范围，确定需要转化的信息类型和来源。其次，需要选择合适的数据化工具和技术，如光学字符识别（Optical Character Recognition，OCR）、自然语言处理等，以实现对信息的自动化提取和转换。然后，我们需要对提取出的数据进行清洗和整理，去除掉无用的噪声数据，并对数据进行标准化处理。最后，我们需要将处理好的数据导入智能会计软件中，以供后续的分析和处理。在数据化的过程中，还需要注意数据的安全性和保密性。对于敏感的财务数据，需要采取相应的加密和访问控制措施，确保数据在传输和存储过程中的安全性。

（三）数据化对会计信息智能化处理的意义

数据化对会计信息智能化处理具有重要意义。数据化使得会计信息更加易于被智能会计软件处理和分析。通过将信息转化为可处理的数据形式，可以更方便地使用各种算法和模型对数据进行深度挖掘和分析，从而发现数据中的规律和趋势，为企业的决策提供有力支持。数据化提高了会计工作的效率和准确性。通过自动化提取和转换信息，可以大大减少人工输入和核对的工作量，降低人为错误的风险。同时，数据化的过程还可以实现数据的实时更新和共享，使得企业的财务数据更加透明和可靠。数据化推动了会计工作的智能化发展。随着数据化程度的不断提高，可以将更多的智能化技术应用于会计工作中，如智能分析、智能预测等。这些技术的应用将使得会计工作更加高效、智能和准确，为企业的财务管理和决策提供更加有力的支持。

数据化是会计信息智能化处理的基础。通过将会计工作场景中的信息转化为可处理的数据，为智能会计软件提供了强大的基础数据支持，推动了会计工作的智能化进程。在实施数据化的过程中，需要遵循一定的步骤和原则，确保数据的质量和安全性。同时，还需要不断探索和创新，将更多的智能化技术应用于会计工作中，推动会计工作的智能化发展。

二、算法

在会计信息智能化处理的进程中，算法扮演着核心角色。它基于财务工作逻辑和规则，通过构建算法模型，实现了会计工作的自动化和智能化处理。

（一）自动化流程构建

算法的首要应用在于自动化流程的构建。在会计工作中，许多流程具有固定的逻辑和规则，如凭证录入、分类账记账、报表生成等。通过将这些流程抽象为算法模型，系统能够自动执行这些流程，减少人工操作，提高工作效率。同时，自动化流程还能减少人为错误，提高会计信息的准确性。

（二）智能分类与识别

在会计信息处理中，大量的数据需要进行分类和识别。算法技术通过构建分类模型和识别模型，能够自动识别和分类财务数据。例如，系统可以自动识别发票上的供应商信息、商品信息、金额等关键数据，并将其分类到相应的会计科目中。这种智能分类和识别技术不仅提高了数据处理的速度，也降低了错误率。

（三）规则引擎的应用

规则引擎是算法在会计信息处理中的又一重要应用。它允许用户定义复杂的业务规则，并将这些规则嵌入算法模型中。当系统处理财务数据时，会根据这些规则进行自动判断和处理。例如，在税务处理中，系统可以根据税法规定自动计算税额、生成税务报表等。规则引擎的应用使得系统能够灵活适应各种复杂的会计业务场景。

（四）预测与分析功能

算法技术还赋予了会计信息处理系统预测与分析功能。通过对历史数据的学习和分析，系统可以构建预测模型，对未来的财务状况进行预测。这些预测信息对于企业的战略规划、资金管理等方面具有重要的参考价值。同时，系统还可以对当前的财务数据进行深入分析，揭示出数据背后的规律和趋势，为企业的决策提供支持。

（五）优化与调整

算法技术的应用不仅实现了会计工作的自动化和智能化处理，还使得系统能够不断地进行优化和调整。通过对系统性能、算法模型等方面的监测和分析，系统可以自动发现潜在的问题并进行修复。同时，系统还可以根据用户的反馈和业务需求进行迭代更新，不断提高系统的智能化水平和用户体验。

算法在会计信息智能化处理中的应用也面临一些挑战。首先，算法模型的构建需要依赖大量的历史数据，这要求企业必须具备完善的数据基础和规范的业务流程。其次，算法模型的准确性和可靠性直接影响到会计信息的准确性和可靠性，因此需要对模型进行严格的测试和验证。最后，随着企业业务的发展和变化，算法模型也需要不断地进行更新和调整，以适应新的业务需求。

算法在会计信息智能化处理中发挥着重要的作用。通过自动化流程构建、智能分类与识别、规则引擎的应用、预测与分析功能以及优化与调整等方面的应用，算法技术使得会计工作更加高效、准确和智能化。然而，企业在应用算法技术时也需要关注其面临的挑战，并采取相应的措施加以解决。

三、迭代优化

在会计信息智能化处理进程中，迭代优化是一个至关重要的环节。它意味着根据实际使用情况，不断对算法模型进行改进，以提高智能会计软件的准确性。

（一）实时反馈与监控

迭代优化的基础在于对智能会计软件实际使用情况的实时反馈和监控。通过收集用户在使用过程中遇到的问题、软件处理数据的速度和准确性等信息，可以获得关于软件性能的直接反馈。这种反馈是迭代优化的起点，它指出了改进的方向和重点。

为了实现实时反馈和监控，可以设置专门的数据收集和分析系统，对智能会计软件的使用情况进行持续跟踪。同时，还需要建立完善的用户反馈机制，鼓励用户积极提供使用建议和意见。这些反馈和建议将成为我们优化算法模型的重要依据。

（二）算法模型的调整

在收集到足够的反馈信息后，需要对算法模型进行调整。这包括但不限于修改模型的参数、更换更适合的算法、优化数据处理流程等。通过调整算法模型，可以使其更加适应实际使用情况，提高软件的准确性。算法模型的调整需要依据专业知识和经验。可以利用机器学习和人工智能领域的研究成果，不断探索新的算法技术，以提升智能会计软件的性能。同时，还需要对调整后的模型进行充分的测试，确保其在实际使用中能够稳定可靠地运行。

（三）持续学习与改进

迭代优化是一个持续不断的过程。随着技术的不断进步和会计工作的不断变化，需要不断对智能会计软件进行学习和改进，以适应新的需求和挑战。为了实现持续学习与改进，可以建立专门的研发团队，负责跟踪最新的技术动态和会计政策变化，对智能会计软件进行持续的更新和优化。同时，还需要建立完善的测试体系，确保每次更新后的软件都能够满足用户的需求和期望。此外，还可以利用用户反馈和数据分析的结果，不断挖掘新的优化点，推动智能会计软件的持续改进。这种持续改进将使得智能会计软件在性能上不断提升，更好地满足用户的需求。

（四）优化结果的评估与反馈

在每次迭代优化后，都需要对优化结果进行评估和反馈。这包括对比优化前后的软件性能、分析优化效果是否达到预期目标等。通过评估反馈的结果，可以了解优化工作的实际效果，为后续的迭代优化提供参考和依据。为了进行有效的评估与反馈，可以建立专门的评估团队或委员会，负责对优化结果进行全面的评估和分析。同时，还需要建立完善的反馈机制，将评估结果及时反馈给研发团队和用户，以便他们了解优化工作的进展和效果。通过评估与反馈的结果，可以不断总结经验教训，发现优化工作中的不足和问题，为后续的迭代优化提供有益的参考和改进方向。

四、产品化

在会计信息智能化处理的领域，产品化是一个关键的环节。它将智能会计软件与具体的工作场景相结合，形成易于使用和部署的产品，以满足不同企业的多样化需求。

（一）场景定制化

产品化的首要任务是满足企业在不同场景下的需求。每家企业的财务工作都有独特性，因此，智能会计软件需要具备高度可定制化的特性。通过深入了解企业的业务流程、财务规则以及特定的工作场景，产品团队可以为企业量身定制智能会计软件的功能和界面，使其能够更好地融入企业的日常工作中。场景定制化不仅能够提升企业的使用体验，还能确保软件的实用性和高效性。

（二）易用性设计

除了定制化，易用性也是产品化过程中需要重点考虑的因素。智能会计软件的用户群体广泛，包括财务人员、管理人员以及企业决策者等。因此，软件的设计需要兼顾不同用户群体的使用习惯和需求。通过简洁明了的界面设计、直观易懂的操作流程以及智能化的提示和辅助功能，产品团队可以确保用户能轻松上手并高效使用智能会计软件。易用性设计不仅能够提升用户的使用体验，还能降低企业的培训成本和时间成本。

（三）快速部署与集成

在会计信息智能化处理中，快速部署和集成是产品化的重要目标之一。随着企业业务的快速发展和变化，智能会计软件需要能够快速适应企业的需求变化并进行相应的调整。通过采用先进的开发技术和架构，产品团队可以确保智能会计软件具备良好的可扩展性和可集成性。这意味着软件可以快速地进行升级、添加新功能或与其他系统进行集成，以满足企业不断变化的需求。快速部署和集成能够缩短企业等待的时间，降低企业的运营成本，提升企业的竞争力。

（四）持续优化与升级

产品化不仅是将智能会计软件推向市场的一个环节，它更是一个持续优化的过程。随着技术的不断发展和用户需求的不断变化，产品团队需要不断地对智能会计软件进行优化和升级。这包括修复软件中的漏洞、提升软件的性能、增加新的功能等。通过收集用户反馈、分析用户行为以及关注市场趋势等方式，产品团队可以及时发现软件中存在的问题和不足，并进行相应的改进。持续优化和升级能够确保智能会计软件始终保持领先地位，满足企业不断变化的需求。

产品化在会计信息智能化处理中也面临一些挑战。首先，不同企业的需求差异较大，如何确保产品能够满足所有企业的需求是一个难题。其次，随着技术的不断发展，新的功能和需求不断涌现，如何快速响应并满足这些需求是一个挑战。最后，如何确保产品的易用性和稳定性也是一个需要关注的问题。

产品化在会计信息智能化处理中发挥着重要的作用。通过场景定制化、易用性设计、快速部署与集成以及持续优化与升级等方面的努力，产品团队可以为企业提供更加高效、便捷和智能的会计信息处理解决方案。然而，产品化也面临一些挑战，需要不断地进行探索和创新以应对这些挑战。

五、平台化

在推动会计信息智能化处理的过程中，平台化成了一个发展趋势。通过构建智能会计软件平台，实现与其他系统的集成和互操作，可以显著提高整体工作效率，推动会计信息的全面智能化处理。

（一）平台化的概念与意义

平台化是指通过构建一个统一、开放、可扩展的智能会计软件平台，将多个会计相关的系统和工具集成在一起，实现信息的共享和操作。这种平台化的方式可以打破信息孤岛，提高信息的流通和利用效率，从而推动会计信息的全面智能化处理。平台化的意义在于，它可以将不同系统之间的数据和信息进行有效的整合和共享，避免了重复录入和数据不一致的问题。同时，平台化还可以提供统一的接口和协议，使得不同系统之间可以方便地进行交互操作和数据交换。这种集成和交互操作的能力将大大提高整体工作效率，降低企业的运营成本。

（二）平台化的构建与实施

要实现平台化，首先需要进行平台的构建和实施。这包括确定平台的功能需求、设计平台的架构和接口、选择合适的开发工具和技术等。在构建平台的过程中，需要考虑到系统的可扩展性和可维护性，以确保平台能够满足未来的发展需求。同时，还需要进行平台与其他系统的集成和对接工作。这包括与 ERP 系统、CRM 系统、财务系统等的集成，以及与银行、税务等外部系统的对接。通过集成和对接，可以实现数据的自动传输和共享，减少人工干预和错误率。

（三）平台的标准化与开放性

平台化需要实现标准化和开放性。标准化是指平台需要遵循一定的标准和规范，以确保不同系统之间的数据和信息可以相互识别和交换。开放性则是指平台需要提供一个开放、可扩展的接口和协议，使得其他系统可以方便地接入和集成。通过实现标准化和开放性，可以确保平台能够与其他系统进行无缝对接和互操作。这将大大提高整体工作效率和数据的准确性，为企业提供更全面、更准确的会计信息支持。

（四）平台的安全性与稳定性

在平台化的过程中，还需要关注平台的安全性和稳定性。安全性是指平台需要采取有效的措施来保护用户的数据和信息不被非法获取或篡改。稳定性则是指平台需要确保系统的正常运行和数据的完整性。为了实现平台的安全性和稳定性，需要采取一系列的技术和管理措施。例如，我们可以采用加密技术来保护用户的数据和信息；采用备份和恢复机制来确保数据的完整性和可恢复性；建立专门的安全管理团队来负责平台的安全管理和维护等。

（五）平台的持续优化与升级

平台化是一个持续优化的过程。随着技术的不断发展和业务的不断变化，需要不断对平台进行优化和升级，以满足新的需求和挑战。为了实现平台的持续优化和升级，需要建立专门的研发团队或合作伙伴关系，不断跟踪最新的技术动态和业务变化，对平台进行持续的改进和优化。同时，还需要建立完善的用户反馈机制，及时收集用户的意见和建议，为平台的优化和升级提供参考和依据。通过持续的优化和升级，可以确保平台始终保持最新的技术水平和业务适应能力，为企业的会计信息智能化处理提供有力的支持。

第三节 人工智能在会计审计中的应用

一、自动化审计流程

随着科技的飞速发展，自动化审计流程已经成为会计信息智能化处理的重要组成部分。利用自然语言处理和机器学习算法，这一流程能够自动分析财务报表，精准识别错误和遗漏，并高效生成审计报告。

（一）数据自动收集与整理

在自动化审计流程中，数据的自动收集与整理是首要环节。传统的审计流程往往需要人工收集、整理和输入大量财务数据，这既耗时又容易出错。而利用自然语言处理和机器学习算法，系统能够自动从各种来源（如企业数据库、财务报表、电子邮件等）中收集相关信息，并进行自动分类和整理。这种自动化的数据收集与整理方式大大提高了审计效率，降低了人为错误的风险。

（二）财务报表智能分析

自动化审计流程的核心在于对财务报表的智能分析。通过运用自然语言处理和机器学习算法，系统能够深入理解财务报表中的文本内容，识别出其中的关键信息，如收入、成本、利润等。同时，系统还能够自动计算各种财务指标，如毛利率、净利率、资产周转率等，从而全面评估企业的财务状况和经营成果。此外，系统还能够通过比对历史数据和行业数据，发现财务报表中的异常值和潜在风险，为审计人员提供有价值的线索。

（三）错误与遗漏的自动识别

在财务报表的分析过程中，自动化审计流程能够自动识别出其中的错误和遗漏。通过构建基于机器学习的预测模型，系统能够学习并理解财务报表中的常见错误模式，如分类错误、计算错误等。当系统遇到类似错误模式时，能够自动发出警报并提示审计人员进一步核查。此外，系统还能够通过自然语言处理技术对财务报表中的文本进行语义分析，发现可能的遗漏信息，并提示审计人员注意。

（四）审计报告自动生成

在完成财务报表的分析和错误识别后，自动化审计流程能够自动生成审计报告。系统能够根据预设的报告模板和审计结果，自动编写审计报告的内容，包括审计范围、审计方法、审计发现等。同时，系统还能够自动生成各种图表和表格，以直观展示审计结果和数据分析结果。这种自动化的报告生成方式不仅提高了审计效率，也确保了报告的一致性和准确性。

自动化审计流程在会计信息智能化处理中的应用具有显著的优势。首先，它大大提高了审计效率，减少了人工操作的时间和成本。其次，它降低了人为错误的风险，提高了审计的准确性和可靠性。此外，自动化审计流程还能够及时发现财务报表中的异常值和潜在风险，为企业的财务管理提供有价值的参考。然而，自动化审计流程也面临一些挑战。首先，系统的准确性和可靠性取决于其学习和训练的数据集的质量和数量。如果数据集存在偏差或不足，系统可能会产生错误的审计结果。其次，系统的应用范围和效果还受到企业财务制度和业务特点的影响。不同企业的财务报表可能有不同的格式和规则，这要求系统具备较高的适应性和灵活性。

自动化审计流程在会计信息智能化处理中发挥着重要的作用。通过自动收集与整理数据、智能分析财务报表、自动识别错误与遗漏以及自动生成审计报告等步骤，为企业提供了高效、准确和可靠的审计服务。随着技术的不断进步和应用场景的不断拓展，自动化审计流程将在会计信息智能化处理中发挥更加重要的作用。

二、智能风险评估

在会计信息智能化处理流程中，智能风险评估扮演着至关重要的角色。通过利用大数据和机器学习算法，智能风险评估能够协助审计人员快速、准确地识别潜在风险，为企业的稳健运营提供有力保障。

（一）大数据的集成与分析

智能风险评估的基础在于对大数据的集成与分析。在会计信息智能化处理背景下，企业积累了大量的财务数据、业务数据以及其他相关信息。这些数据涵盖了企业的各个方面，是评估企业风险的重要基础。通过对这些大数据的集成，可以将来自不同系统、不同来源的数据进行统一管理和分析。利用先进的数据处理技术，如数据清洗、转换、整合等，可以确保数据的质量和准确性，为智能风险评估提供可靠的数据支持。在数据分析方面，可以运用各种统计方法和机器学习算法，对大数据进行深入挖掘和分析。通过识别数据中的模式和关联关系，可以发现潜在的风险因素，并对这些因素进行量化评估和预测。这种基于大数据的智能风险评估方法，能够大大提高评估的准确性和效率。

（二）机器学习算法的应用

机器学习算法在智能风险评估中发挥着核心作用。通过训练机器学习模型，可以让计算机自动学习和识别风险特征，从而实现对潜在风险的快速识别。在机器学习算法的选择上，可以根据具体的需求和数据特点，选择适合的算法进行应用。例如，对于分类问题，可以采用支持向量机、决策树等算法；对于预测问题，可以采用神经网络、随机森林等算法。这些算法可以根据历史数据和当前数据，自动调整和优化模型参数，以实现对潜在风险的准确预测。

通过应用机器学习算法，可以大大提高智能风险评估的自动化水平，减轻审计人员的工作负担。同时，由于机器学习算法能够处理海量的数据和复杂的模型，因此可以更加全面地评估企业的风险状况，为企业的稳健运营提供更加有力的支持。

（三）风险预警与监控

智能风险评估不仅能够识别潜在风险，还能够实现风险预警和监控。通过设定风险阈值和监控指标，可以及时发现并应对潜在的风险事件。当某个风险指标超过预设的阈值时，智能风险评估系统会自动发出预警信息，提醒审计人员关注该风险事件。同时，系统还可以对风险事件进行实时监控和跟踪，记录其发展趋势和变化情况。这种风险预警和监控功能可以帮助企业及时发现并应对潜在的风险事件，避免或减少损失的发生。

（四）持续优化与改进

智能风险评估是一个持续优化和改进的过程。随着技术的不断发展和业务的不断变化，需要不断对智能风险评估系统进行优化和改进，以适应新的需求和挑战。为了实现持续优化和改进，可以采取以下措施：一是收集用户反馈和建议，了解用户对智能风险评估系统的使用情况和满意度；二是分析系统的运行数据和评估结果，发现系统存在的问题和不足。三是引入新的技术和算法，对系统进行升级和改进。

通过持续优化和改进，可以不断提高智能风险评估系统的性能和准确性，为企业的稳健运营提供更加有力的支持。同时，也需要关注技术的发展趋势和新的应用场景，不断探索和创新智能风险评估的方法和手段。

三、自动化异常检测

在会计信息智能化处理过程中，自动化异常检测是提升财务数据安全性和准确性的重要环节。它能够自动识别财务数据中的异常行为和潜在风险，进而辅助审计人员迅速发现并处理这些异常情况，提升审计工作的效率和准确性。

（一）实时数据监控

自动化异常检测的第一步是实现对财务数据的实时监控。传统的手工审计往往只能在数据汇总后才能发现问题，而自动化异常检测系统则能够实时捕获数据流的变动，确保每一笔财务数据都受到严密监控。这不仅能够及时发现异常情况，还能够及时响应，避免风险进一步扩大。

（二）智能模式识别

在实时监控的基础上，自动化异常检测系统通过智能模式识别技术，能够自动学习和识别财务数据中的正常模式。这些正常模式包括常见的交易类型、金额范围、时间频率等。一旦系统检测到与正常模式显著偏离的数据，就会立即触发异常警报，提示审计人员进一步核查。

（三）多维度数据分析

自动化异常检测系统不仅关注单一数据点的异常，还通过多维度数据分析来全面评估财务数据的健康状况。它可以从时间、金额、来源、去向等多个角度对财务数据进行深入挖掘和分析，发现那些可能被传统审计方法忽视的异常现象。例如，系统可以分析某个账户在短时间内的频繁大额交易，或者对比不同账户之间的资金流动情况，以发现可能的欺诈或洗钱行为。

（四）风险预警与评估

在发现异常数据后，自动化异常检测系统能够根据预设的风险评估模型，对这些异常数据进行风险预警和评估。系统可以根据异常数据的类型、频率、严重程度等因素，自动计算出一个风险评分，并给出相应的处理建议。这有助于审计人员快速了解异常数据的潜在风险，并采取相应的应对措施。

（五）持续学习与优化

自动化异常检测系统是一个持续学习和优化的过程。随着财务数据的不断积累和更新，系统能够不断学习和适应新的正常模式和异常模式。同时，审计人员也可以将新的异常情况和处理经验反馈给系统，帮助系统进一步完善和优化异常检测模型。这种持续的学习和优化能力使得自动化异常检测系统能够不断提高自身的准确性和可靠性，为企业的财务安全提供更加坚实的保障。

自动化异常检测在会计信息智能化处理中的应用，不仅提高了审计工作的效率和准确性，还为企业的财务安全提供了更加全面和深入的保障。通过实时数据监控、智能模式识别、多维度数据分析、风险预警与评估以及持续学习与优化等步骤，自动化异常检测系统能够自动识别财务数据中的异常行为和潜在风险，为审计人员提供有价值的线索和帮助。同时，随着技术的不断进步和应用场景的不断拓展，自动化异常检测将在会计信息智能化处理中发挥更加重要的作用。

四、实时财务监控

在会计信息智能化处理背景下，实时财务监控成为确保企业财务稳健运行的关键环节。通过实时监控，企业能够及时发现和识别异常情况，为审计人员提供及时、准确的信息支持，进而保障企业的财务安全和合规性。

（一）实时监控的概念与意义

实时财务监控是指通过运用先进的技术手段，对企业的财务数据、业务数据以及其他相关信息进行持续、动态的监控。这种监控方式能够确保企业及时发现和识别异常情况，为企业的稳健运营提供有力保障。

实时财务监控的意义在于，它能够将企业的财务数据和业务数据实时地反映出来，使得审计人员能够随时掌握企业的财务状况和业务运营情况。同时，实时财务监控还能够对异常情况进行自动识别和预警，为审计人员提供及时、准确的信息支持，从而帮助企业及时应对潜在的风险和挑战。

（二）监控系统的构建与运行

要实现实时财务监控，首先需要构建一个高效、稳定的监控系统。这个系统需要能够实时收集、处理和分析企业的财务数据、业务数据以及其他相关信息。同时，系统还需要具备强大的数据处理能力和分析能力，以便能够准确地识别出异常情况。在监控系统构建过程中，需要考虑到系统的可扩展性、可维护性和安全性等因素。此外，还需要根据企业的实际情况和需求，对系统进行定制化的开发，以确保系统能够满足企业的实际需求。监控系统的运行需要依赖于先进的技术手段，如云计算、大数据、人工智能等。这些技术手段能够确保系统的高效、稳定运行，并实现对数据的实时处理和分析。

（三）异常情况的识别与预警

实时财务监控的核心功能之一是对异常情况进行识别和预警。通过对企业的财务数据和业务数据进行实时分析，系统能够自动地识别出异常情况，并向审计人员发出预警。这些异常情况可能包括财务数据异常、业务数据异常、资金流动异常等。系统可以根据预设的规则和阈值，对这些异常情况进行自动识别和判断。当系统识别出异常情况时，会立即向审计人员发出预警，以便审计人员能够及时处理和应对。

（四）监控结果的反馈与应用

实时财务监控不仅需要对异常情况进行识别和预警，还需要将监控结果及时反馈给审计人员，以便他们能够根据监控结果采取相应的措施。监控结果的反馈可以通过多种方式实现，如系统界面展示、邮件通知、短信提醒等。审计人员可以根据自己的需求和习惯，选择合适的反馈方式。同时，系统还可以将监控结果与其他系统或工具进行集成和共享，以便审计人员能够更加方便地获取和使用监控结果。

在监控结果的应用方面，审计人员可以根据监控结果对企业的财务状况和业务运营情况进行全面的分析和评估。他们可以根据监控结果调整企业的财务策略和业务策略，以确保企业的稳健运营和合规性。

（五）监控系统的持续优化与升级

实时财务监控是一个持续优化和升级的过程。随着技术的不断发展和企业的不断变化，需要对监控系统进行持续的优化和升级，以确保其能够满足企业的实际需求。在监控系统的优化和升级过程中，需要关注新的技术趋势和应用场景，不断探索和创新监控方法和手段。同时，还需要根据企业的实际情况和需求，对系统进行定制化的开发和改进，以确保系统能够更好地适应企业的实际需求。

还需要建立完善的监控体系和管理机制，确保监控系统的稳定运行和数据的准确性。通过持续的优化和升级，可以不断提高实时财务监控的效率和准确性，为企业的稳健运营提供更加有力的保障。

五、自动化审计工具

在会计信息智能化处理的领域，自动化审计工具以其高效、准确的特征，极大地提升了审计工作的效率和质量。这类工具能够自动生成审计报告和相关分析图表，为审计人员提供了极大的便利。

（一）报告模板的自动填充

自动化审计工具首先通过预设的报告模板，实现审计报告的自动填充。这些模板包含了审计报告的基本结构和内容框架，工具能够自动从财务系统中提取数据，并将其填充到相应的模板位置。

（二）数据分析与图表生成

除了报告模板的自动填充，自动化审计工具还能够进行深度数据分析，并自动生成相应的分析图表。工具内置了多种数据分析算法和模型，能够自动对财务数据进行挖掘和分析，发现其中的规律和趋势。同时，工具还提供了丰富的图表生成功能，能够将分析结果以直观、易懂的方式呈现出来。这些图表不仅有助于审计人员更好地理解数据，还能够为企业的决策提供有力支持。

（三）异常数据的自动标识

在数据分析过程中，自动化审计工具能够自动标识出异常数据。工具通过预设的异常检测规则和算法，对财务数据进行实时监测和分析，一旦发现异常数据，就会立即进行标识和提示。这样，审计人员可以迅速定位到问题所在，并进行进一步的核查和处理。这种异常数据的自动标识功能，不仅提高了审计工作的针对性，还减轻了审计人员的工作负担。

（四）持续学习与优化

自动化审计工具还具有持续学习与优化的能力。随着财务数据的不断积累和更新，工具能够不断学习和适应新的审计环境和需求。工具可以自动分析历史审计数据和用户反馈，不断优化自身的算法和模型，提高数据分析的准确性和效率。同时，工具还可以根据新的审计准则和法规要求，自动更新报告模板和分析图表，确保审计工作的合规性和规范性。

自动化审计工具在会计信息智能化处理中的应用，不仅提高了审计工作的效率和准确性，还为企业的财务安全和合规性提供了有力保障。通过报告模板的自动填充、数据分析与图表生成、异常数据的自动标识以及持续学习与优化等功能，自动化审计工具为审计人员提供了强大的支持，使得审计工作更加便捷、高效和智能。未来，随着技术的不断发展和应用场景的不断拓展，自动化审计工具将在会计信息智能化处理中发挥更加重要的作用，为企业的财务管理和决策提供更加全面和深入的支持。

第四节　人工智能在会计预测中的应用

一、预测模型的构建与验证评估

在会计信息智能化处理的流程中，预测模型的构建扮演着至关重要的角色。通过对历史数据的深入分析和未来趋势的精准预测，预测模型能够帮助企业作出更为明智的决策，提前规划和应对潜在风险。

在快速变化的市场环境中，企业需要及时了解自身的财务状况，并对未来的发展趋势作出准确的预测。预测模型正是实现这一目标的重要工具。通过构建预测模型，企业可以基于历史数据和其他相关信息，对未来的财务表现、市场趋势等进行预测，从而为企业的决策提供有力的支持。预测模型的重要性在于其能够提供前瞻性的分析。与传统的财务报表分析相比，预测模型能够更加深入地挖掘数据中的潜在信息和规律，揭示出未来的发展趋势和可能的风险。这种前瞻性的分析能力，使得企业能够提前作出相应的调整和规划，以应对未来的变化和挑战。

预测模型的构建离不开大量的数据支持。在构建预测模型之前，需要收集与预测目标相关的历史数据和其他相关信息。这些数据可能来自企业内部的财务系统、业务系统等，也可能来自外部的市场数据、行业数据等。在数据收集完成后，需要对数据进行预处理。包括数据的清洗、整合、转换等步骤，以确保数据的质量和准确性。同时，还需要对数据进行特征提取和选择，以筛选出对预测目标有重要影响的关键因素。

在数据预处理完成后，需要选择合适的预测模型进行构建。预测模型的选择应根据预测目标和数据的特点进行。常见的预测模型包括线性回归模型、时间序列分析模型、机器学习模型等。在模型构建过程中，需要利用统计分析和机器学习算法等技术手段，对模型进行训练和优化。通过不断调整模型的参数和结构，使得模型能够更好地拟合历史数据，并对未来趋势进行准确的预测。

二、资金规划和预测

在会计信息智能化处理背景下，资金规划和预测成为企业财务管理中不可或缺的一部分。通过智能化的处理手段，企业能够更准确地预测未来的资金需求和现金流量情况，从而为资金规划和预算的制订提供有力支持。

（一）数据集成与分析

在资金规划和预测的过程中，数据的集成与分析是基础。传统的资金预测往往依赖于零散的数据和人工的分析，而会计信息智能化处理则通过集成企业内外的各种财务数据和非财务数据，形成一个全面的数据仓库。这些数据包括但不限于销售数据、采购数据、库存数据、人力资源数据等，它们共同构成了企业运营的全貌。通过智能化的数据分析工具，企业可以深入挖掘这些数据中的信息，识别出影响资金需求和现金流量的关键因素，为资金规划和预测提供准确的数据支持。

（二）预测模型的构建

在数据集成与分析的基础上，企业需要构建合适的预测模型来进行资金规划和预测。预测模型可以根据企业的历史数据和行业趋势，运用统计学、机器学习等算法，预测企业未来的销售收入、成本支出、投资回报等关键指标。这些预测结果可以帮助企业了解未来的资金需求和现金流量情况，为资金规划和预算的制定提供依据。预测模型的构建需要考虑到多种因素，如季节性波动、周期性变化、市场竞争等，以确保预测结果的准确性和可靠性。

（三）动态调整与优化

资金规划和预测并非一成不变，随着市场环境和企业运营状况的变化，预测结果也需要进行相应的调整和优化。会计信息智能化处理使得这一过程变得更为便捷和高效。通过实时监控企业的运营数据和市场变化，企业可以及时发现预测结果与实际情况的偏差，并采取相应的措施进行调整。例如，当销售收入低于预期时，企业可以通过调整销售策略、降低成本支出等方式来优化资金规划；当现金流量出现紧张时，企业可以通过融资、优化应收账款管理等方式来缓解资金压力。这种动态调整与优化的能力使得资金规划和预测更加符合企业的实际情况和市场环境。

（四）决策支持与分析

资金规划和预测的最终目的是为企业的决策提供有力支持。通过会计信息智能化处理，企业可以将预测结果以直观、易懂的方式呈现给决策者，如财务报表、图表、报告等。这些信息不仅可以帮助决策者了解企业的资金状况和现金流量情况，还可以为企业的战略决策、投资决策等提供重要的参考。此外，企业还可以利用智能化分析工具对预测结果进行深入分析，找出影响资金需求和现金流量的关键因素，为企业的决策提供更加精准的指导。这种决策支持与分析的能力使得资金规划和预测在企业管理中发挥着越来越重要的作用。

资金规划和预测在会计信息智能化处理中扮演着重要的角色。通过数据集成与分析、预测模型的构建、动态调整与优化以及决策支持与分析等手段，企业可以更加准确地预测未来的资金需求和现金流量情况，为资金规划和预算的制定提供有力支持。这不仅有助于企业降低财务风险、提高运营效率，还有助于企业实现可持续发展。

三、风险识别和预警

在会计信息智能化处理流程中，风险识别和预警是确保企业财务稳健运行的关键环节。通过对财务数据的深入分析和实时监控，企业能够及时发现异常情况和可能的风险点，并提供预警信息，从而帮助企业提前预防和应对潜在风险。

（一）风险识别的重要性

在复杂多变的市场环境中，企业面临着各种潜在的风险，如财务风险、市场风险等。这些风险可能对企业的经营和发展产生不利影响。因此，及时识别这些风险并采取相应的措施进行防范和应对，对于企业的稳健运营至关重要。

风险识别的重要性在于其能够帮助企业提前发现潜在的风险点，从而为企业留出足够的时间和空间进行应对。通过对财务数据的深入分析和实时监控，企业可以及时发现异常情况，如异常的财务数据波动、不合理的资金流动等，这些都是潜在风险的信号。通过对这些信号的捕捉和分析，企业可以准确识别出潜在的风险点，并采取相应的措施进行防范和应对。

（二）财务数据的分析与监控

风险识别和预警的基础在于对财务数据的深入分析和实时监控。企业需要收集并整合来自不同部门和系统的财务数据，形成一个全面、准确的财务数据体系。然后，利用先进的数据分析工具和技术手段，对这些数据进行深入的分析和挖掘，以发现其中的异常情况和潜在风险。在财务数据的分析过程中，企业需要关注各个财务指标的变化趋势和关联关系，如收入、成本、利润、现金流等。通过对这些指标的分析，企业可以了解本单位的财务状况和经营成果，并发现其中的异常情况和潜在风险。同时，企业还需要对财务数据进行实时监控，以便及时发现并处理异常情况。

（三）预警信息的生成与传递

当企业发现潜在的风险点时，需要及时生成预警信息并传递给相关人员。预警信息的生成需要基于对异常情况的深入分析和判断，确保信息的准确性和可靠性。同时，预警信息的传递也需要及时、高效，以便相关人员能够迅速了解并采取相应的措施进行应对。预警信息的生成和传递可以通过多种方式实现，如系统界面展示、邮件通知、短信提醒等。企业可以根据自身的需求和实际情况，选择合适的预警信息传递方式。同时，企业还需要建立完善的预警信息管理机制，确保预警信息的准确性和有效性。

（四）风险应对与持续优化

在接收到预警信息后，企业需要采取相应的措施进行风险应对。这些措施可能包括调整经营策略、优化业务流程、加强内部控制等。通过及时应对潜在风险，企业可以降低风险发生的概率和影响程度，保障企业的稳健运营。

除了风险应对，企业还需要对风险识别和预警机制进行持续优化。随着市场环境的变化和企业的发展，新的风险点可能会不断出现。因此，企业需要定期对风险识别和预警机制进行评估和调整，以确保其能够适应新的环境和需求。同时，企业还需要关注新的技术和发展趋势，不断引入新的技术和方法来提升风险识别和预警的准确性和效率。

风险识别和预警是会计信息智能化处理中的关键防护。通过对财务数据的深入分析和实时监控，企业能够及时发现异常情况和潜在风险，并提供预警信息。这不仅有助于企业提前预防和应对潜在风险，还能够保障企业的稳健运营和持续发展。

四、欺诈检测与预测

在会计信息智能化处理领域，欺诈检测是确保企业财务健康、维护市场秩序的重要环节。通过智能化手段，系统能够自动识别出潜在的欺诈行为，如异常交易、虚假报表和内部欺诈行为，从而为企业及时采取防范措施提供有力支持。

（一）数据集成与预处理

在欺诈检测过程中，数据的集成与预处理是首要步骤。这一步骤包括收集来自不同来源的财务数据，如销售数据、采购数据、库存数据、银行交易记录等，并进行清洗、整合和标准化处理。通过数据集成，系统能够构建一个全面的数据视图，为后续的欺诈检测提供丰富的数据基础。同时，预处理过程能够消除数据中的噪声和异常值，提高数据质量，确保欺诈检测结果的准确性。

（二）异常交易识别

异常交易是欺诈行为的重要表现之一。在会计信息智能化处理中，系统通过预设的规则和算法，能够自动识别出与正常交易模式显著偏离的异常交易。这些规则可能包括交易金额、频率、时间、地点等维度的异常特征。当系统检测到异常交易时，会立即触发警报，并将相关信息推送给审计人员或管理人员进行进一步核查。异常交易识别的准确性对于防范欺诈行为至关重要，它能够帮助企业及时发现潜在的风险点，避免损失的发生。

（三）虚假报表检测

虚假报表是企业欺诈行为的另一种常见形式。为了应对这一问题，会计信息智能化处理系统采用了多种技术手段来检测虚假报表。其中，一种常见的方法是采用数据挖掘和机器学习算法，对财务报表中的数据进行深入分析，发现其中的异常模式。例如，系统可以比较不同时间段的财务报表数据，检测是否存在异常的波动或趋势；或者通过与其他企业的数据进行对比，发现是否存在异常的比率或指标。此外，系统还可以结合自然语言处理技术，对财务报表中的文本信息进行分析，检测是否存在虚假的陈述或误导性的信息。

（四）内部欺诈行为识别

除了外部欺诈行为，企业内部也可能存在欺诈行为。为了防范内部欺诈，会计信息智能化处理系统采用了多种内部控制和监测手段。例如，系统可以实时监测企业内部员工的操作行为，检测是否存在未经授权的访问或修改数据的行为；或者通过设定权限和审批流程，限制员工对敏感数据的访问和操作。此外，系统还可以结合员工的行为数据和企业的业务数据，利用数据挖掘和机器学习算法识别出可能存在的内部欺诈风险。当系统检测到内部欺诈行为时，会立即触发警报，并采取相应的措施进行防范和处置。

（五）持续学习与优化

欺诈检测是一个持续学习和优化的过程。随着市场环境和企业运营状况的变化，欺诈行为的形式和手段也在不断变化。因此，会计信息智能化处理系统需要不断学习和适应新的欺诈行为模式。系统可以通过收集和分析新的欺诈案例和数据，更新和优化欺诈检测模型和算法，提高检测的准确性和效率。同时，系统还可以结合用户的反馈和建议，不断完善和优化欺诈检测的功能和体验。这种持续学习和优化的能力使得会计信息智能化处理系统能够更好地应对日益复杂的欺诈行为挑战。

欺诈检测与预测在会计信息智能化处理中发挥着重要作用。通过数据集成与预处理、异常交易识别、虚假报表检测、内部欺诈行为识别以及持续学习与优化等手段，系统能够自动识别出潜在的欺诈行为，为企业及时采取防范措施提供有力支持。这不仅有助于维护企业的财务健康和市场秩序，还有助于提高企业的竞争力和可持续发展能力。

五、智能决策支持

在会计信息智能化处理框架中，智能决策支持是推动企业决策过程更加科学、高效的关键环节。通过智能化手段，企业能够模拟和评估各种决策方案，从而选择出最优的方案，以实现企业的长期稳定发展。

（一）智能决策支持的核心价值

在复杂多变的市场环境中，企业面临着各种决策挑战，如投资决策、融资决策、运营决策等。这些决策直接关系到企业的经济效益和未来发展。因此，企业需要借助智能化的决策支持工具，对各种决策方案进行全面的模拟和评估，以选择出最优的方案。智能决策支持的核心价值在于其能够为企业提供科学、准确的决策依据。通过对各种决策方案的模拟和评估，企业能够了解不同方案可能带来的经济效益和风险，从而作出更加明智的决策。这种智能化的决策支持方式，不仅提高了企业的决策效率，还降低了决策风险，为企业的稳健发展提供了有力保障。

（二）决策方案的模拟与评估

智能决策支持的关键在于对决策方案的模拟和评估。企业需要收集与决策相关的各种信息，包括财务数据、市场数据、行业数据等，并利用智能化的分析工具和技术手段，对这些信息进行深入的分析和挖掘。在决策方案的模拟过程中，企业可以利用各种数学模型和算法，对不同的决策方案进行模拟和预测。这些模拟可以包括投资回报率的预测、资金流的模拟、市场趋势的分析等。通过模拟，企业可以了解不同决策方案可能带来的经济效益和风险，为后续的评估提供数据支持。

在评估过程中，企业需要综合考虑各种因素，如经济效益、风险水平、资源约束等。通过设定合理的评估指标和权重，企业可以对不同的决策方案进行全面的评估，从而选择出最优的方案。

（三）决策支持系统的构建与集成

要实现智能决策支持，企业需要构建一个完善的决策支持系统。这个系统需要集成各种智能化的分析工具和技术手段，如数据挖掘、机器学习、人工智能等。同时，系统还需要具备强大的数据处理能力和分析能力，以便能够处理海量的数据和复杂的决策问题。在构建决策支持系统时，企业需要考虑系统的可扩展性、可维护性和安全性等因素。此外，企业还需要根据自身的需求和实际情况，对系统进行定制化的开发和改进，以确保系统能够满足企业的实际需求。

（四）持续优化与迭代

智能决策支持是一个持续优化和迭代的过程。随着市场环境的变化和企业的发展，新的决策问题和挑战会不断出现。因此，企业需要定期对决策支持系统进行评估和调整，以确保其能够适应新的环境和需求。在持续优化和迭代过程中，企业需要关注新的技术和发展趋势，不断引入新的分析工具和技术手段来提升决策支持的准确性和效率。同时，企业还需要对决策支持系统进行定期的维护和更新，以确保其能够正常运行并发挥最大的作用。

智能决策支持是会计信息智能化处理中重要环节。通过模拟和评估各种决策方案，企业能够选择出最优的方案，为企业的稳健发展提供有力保障。同时，企业还需要构建一个完善的决策支持系统，并持续优化和迭代该系统，以适应不断变化的市场环境和企业需求。

第五章 机器学习在会计信息分析中的应用

第一节 机器学习技术的基本原理

一、数据驱动

在会计信息智能化处理领域，数据驱动是一个核心概念。它强调利用数据来驱动决策过程，而不是依赖于预设假设或专家知识。

（一）数据收集与整合

数据驱动的首要步骤是数据的收集与整合。在会计信息智能化处理中，这涉及从各个业务系统中收集财务数据、业务数据以及其他相关信息，并将其整合到一个统一的平台或数据库中。这一过程确保了数据的全面性和一致性，为后续的数据分析提供了坚实的基础。通过数据收集与整合，企业可以构建一个完整的数据视图，清晰地了解企业的财务状况和业务运营情况。

（二）数据分析与挖掘

在数据收集与整合的基础上，数据分析与挖掘是数据驱动的核心环节。通过对整合后的数据进行深入的分析和挖掘，可以发现数据中的内在规律和模式，从而揭示出企业的业务趋势、风险点以及潜在的机会。在会计信息智能化处理中，数据分析与挖掘可以采用多种方法和技术，如统计分析、机器学习、数据挖掘等。这些方法可以帮助企业发现财务数据中的异常值、趋势和模式，为企业的决策提供有力支持。

（三）模型建立与优化

数据分析与挖掘的结果往往需要通过建立模型来进一步应用。在会计信息智能化处理中，模型建立与优化是数据驱动的另一个重要环节。通过构建预测模型、分类模型等，可以将数据分析的结果转化为可操作的决策支持工具。例如，企业可以建立财务风险预测模型，根据历史数据和当前数据预测未来的财务风险；或者建立客户分类模型，根据客户的交易数据和行为数据将客户分为不同的类别，以便更好地制定营销策略。模型的建立和优化是一个持续的过程，需要不断地根据新的数据和反馈进行调整和改进。

（四）决策支持与应用

数据驱动的最终目的是为企业的决策提供有力支持。在会计信息智能化处理中，数据驱动可以帮助企业制定更加科学、合理的决策。通过数据分析和模型预测，企业可以更加准确地了解自身的财务状况和业务运营情况，发现潜在的风险和机会，从而制定更加有针对性的战略和计划。此外，数据驱动还可以帮助企业实现自动化和智能化的决策过程，减少人为干预和主观判断的影响，提高决策的质量和效率。在会计信息智能化处理中，数据驱动的应用不仅限于财务管理和决策支持方面，还可以扩展到企业的其他业务领域，如供应链管理、客户关系管理、产品研发等。通过数据驱动的应用，企业可以更好地了解市场和客户需求，优化业务运营流程，提高业务效率和客户满意度。

数据驱动在会计信息智能化处理中发挥着重要作用。通过数据的收集与整合、分析与挖掘、模型建立与优化以及决策支持与应用等环节，数据驱动可以帮助企业发现数据中的内在规律和模式，为企业的决策提供有力支持。在未来，随着大数据、人工智能等技术的不断发展，数据驱动在会计信息智能化处理中的应用将会更加广泛和深入。

二、经验学习

在会计信息智能化处理的背景下，计算机系统通过处理和分析大量的数据，具备了从经验中自动学习和改进的能力。这种经验学习机制使得会计信息处理更加高效、准确，并为企业提供了持续优化的可能。

（一）数据驱动的自动学习

会计信息智能化处理的基础是数据。通过收集、整合和分析来自各个业务环节和系统的数据，计算机系统能够发现数据中的规律、趋势和异常。这些发现不仅为当前的决策提供了支持，更为系统的后续学习提供了素材。在此过程中，系统通过自动学习算法对数据进行处理，不断优化自身的处理逻辑和模型，以适应更加复杂多变的数据环境。

（二）持续优化的预测模型

预测模型是会计信息智能化处理中的重要组成部分。通过对历史数据的分析，预测模型能够预测未来的财务状况和经营成果。然而，市场环境的变化和业务的不断发展使得预测模型需要不断地进行优化和调整。经验学习使得计算机系统能够自动地根据新的数据对预测模型进行训练和优化，以提高预测的准确性和可靠性。这种持续优化的过程使得预测模型能够更好地适应企业的实际需求和市场环境的变化。

（三）智能风险识别的迭代更新

在会计信息智能化处理中，风险识别是一个至关重要的环节。通过监控和分析财务数据，系统能够及时发现异常情况和潜在风险。然而，新的风险类型和特征可能会随着时间的推移而出现。经验学习使得系统能够不断地从新的风险事件中学习，更新其风险识别的规则和模型。这种迭代更新的过程使得系统能够更好地识别新的风险类型和特征，为企业提供更加全面和准确的风险管理支持。

（四）决策支持系统的自我完善

决策支持系统是会计信息智能化处理中的另一个重要应用。通过模拟和评估各种决策方案，系统能够为企业提供科学的决策依据。然而，随着企业的发展和市场环境的变化，决策需求也会不断地发生变化。经验学习使得决策支持系统能够自动地根据新的决策需求进行学习和调整，以提供更加符合实际需求的决策支持。这种自我完善的过程使得决策支持系统能够更好地适应企业的发展和市场环境的变化。

（五）知识库的不断丰富

在会计信息智能化处理中，知识库是一个重要的组成部分。它存储了与会计、财务和企业管理相关的各种知识和规则。这些知识不仅为系统的处理和分析提供了基础，也为企业的决策提供了支持。经验学习使得系统能够不断地从新的数据和事件中学习新的知识和规则，并将其添加到知识库中。这种不断丰富的过程使得知识库能够更好地满足企业的实际需求，为企业的持续发展提供有力的支持。

经验学习是会计信息智能化处理中的重要机制。通过自动学习、预测模型的持续优化、风险识别的迭代更新、决策支持系统的自我完善以及知识库的不断丰富，计算机系统能够不断地从经验中学习和改进，提高会计信息处理的效率、准确性和可靠性，为企业的发展提供有力的支持。

三、预测未知

在会计信息智能化处理领域，预测未知是一个至关重要的功能。通过机器学习对历史数据的深入分析和学习，系统能够预测未来的情况或未知事件，为企业提供前瞻性的决策支持。

（一）历史数据的价值挖掘

预测未知的首要前提是拥有充足且高质量的历史数据。在会计信息智能化处理中，这些数据可能包括历年的财务报表、销售数据、生产成本、库存变动等。这些数据记录了企业过去的运营情况和财务表现，蕴含着丰富的信息。通过对这些历史数据的挖掘和分析，系统能够发现数据之间的关联性和规律性，为预测未来情况提供有力的支撑。

（二）预测模型的构建

在拥有充足的历史数据后，下一步是构建预测模型。预测模型是机器学习的核心，它根据历史数据中的规律和模式，预测未来的情况或未知事件。在会计信息智能化处理中，预测模型可能涉及时间序列分析、回归分析、神经网络等多种方法。这些模型能够捕捉到历史数据中的趋势和周期性变化，预测未来的财务状况、业务发展趋势等。

（三）模型的验证与优化

预测模型的准确性和可靠性对于预测未知至关重要。因此，在构建预测模型后，需要进行模型的验证与优化。验证过程包括使用一部分已知的数据来测试模型的预测效果，评估其准确性和稳定性。如果模型的表现不理想，就需要进行优化，调整模型的参数或结构，以提高其预测性能。通过不断的验证和优化，可以确保预测模型在实际应用中具有较高的准确性和可靠性。

（四）实时更新与调整

市场环境和企业的运营状况是不断变化的，因此预测模型也需要实时更新与调整。在会计信息智能化处理中，系统可以实时监测新的数据输入，并自动更新预测模型。当新的数据与历史数据存在显著差异时，系统可以重新训练模型，以适应新的市场环境和企业运营状况。此外，系统还可以根据用户的反馈和实际需求，对预测模型进行微调，以满足不同的预测需求。

（五）决策支持与应用

预测未知的最终目的是为企业的决策提供有力支持。在会计信息智能化处理中，预测结果可以应用于多个方面。首先，预测结果可以帮助企业制定更为精准的预算和计划，确保资源的合理配置和高效利用。其次，预测结果可以揭示潜在的市场机会和风险，帮助企业及时调整战略和策略，以应对市场的变化。此外，预测结果还可以用于评估企业的投资项目和决策效果，为企业的长期发展提供有力支持。

预测未知在会计信息智能化处理中具有重要的应用价值。通过挖掘历史数据的价值、构建预测模型、进行模型的验证与优化、实时更新与调整以及决策支持与应用等步骤，系统能够为企业提供前瞻性的决策支持，帮助企业更好地应对未来的挑战和机遇。在未来，随着技术的不断发展和完善，预测未知在会计信息智能化处理中的应用将会更加广泛和深入。

四、模型构建

在会计信息智能化处理领域，模型构建是至关重要的一环。通过学习算法，机器学习技术能够构建出各种预测模型，这些模型能够应用于不同的场景，为企业提供精确的预测和深入的分析。

（一）学习算法与模型构建

在模型构建过程中，学习算法是不可或缺的工具。学习算法是机器学习技术的核心，它通过对大量数据进行训练和学习，自动找出数据中的规律和模式，并据此构建出预测模型。这些模型可以是线性的、非线性的，也可以是基于概率的或基于神经网络的。无论采用何种算法，其目的都是使模型能够更好地拟合实际数据，提高预测的准确性和可靠性。

（二）预测模型的多样性与适用性

机器学习技术能够构建出多种多样的预测模型，以适应不同场景的需求。在会计信息智能化处理中，这些预测模型可以用于预测企业的财务状况、分析市场趋势、评估投资风险等多个方面。不同的模型具有不同的特点和优势，如线性回归模型适用于预测连续变量之间的关系，决策树模型则擅长处理分类问题。通过选择合适的模型，企业可以根据自身需求进行精确的预测和分析。

（三）模型训练与性能优化

构建预测模型并不是一蹴而就的过程，而是需要不断的进行训练和优化。在模型训练阶段，机器学习算法会利用历史数据对模型进行训练，不断调整模型的参数和结构，以使其更好地拟合实际数据。随着数据的不断积累和更新，模型也需要不断地进行重新训练和优化，以保持其预测性能的稳定性和准确性。模型的性能优化是模型构建过程中的重要环节。通过对模型进行性能评估和调整，可以进一步提高模型的预测准确性和泛化能力。例如，可以采用交叉验证等方法来评估模型的性能，并根据评估结果对模型进行调整和优化。这些优化措施可以帮助企业更好地利用预测模型进行决策和分析。

（四）预测模型在会计信息智能化处理中的应用

预测模型在会计信息智能化处理中发挥着重要的作用。通过构建和训练预测模型，企业可以实现对未来财务状况的精确预测。这些预测结果可以帮助企业制订更加合理的财务计划、优化资源配置、降低经营风险。同时，预测模型还可以用于分析市场趋势和评估投资风险，为企业提供更加全面和深入的市场分析支持。此外，预测模型还可以与其他会计信息智能化处理工具相结合，如智能决策支持系统、风险识别系统等。通过集成这些工具，企业可以构建出一个完整的会计信息智能化处理平台，实现对企业财务状况的全面监控和预测分析。这个平台可以帮助企业更加高效地处理和分析会计信息，提高决策的科学性和准确性。

模型构建是会计信息智能化处理中的重要环节。通过学习算法和机器学习技术，企业可以构建出各种预测模型，用于不同场景的预测和分析。这些预测模型具有多样性和适用性，能够满足企业不同的需求。同时，通过不断的训练和优化，预测模型的性能可以得到进一步提高，为企业提供更加准确和可靠的预测结果。

第二节　机器学习在会计数据分析中的应用

一、数据预处理

在会计信息智能化处理流程中，数据预处理是一个至关重要的环节。通过机器学习技术，系统能够自动进行数据的清洗、去噪和缺失值处理，从而提高数据质量，为后续的数据分析和建模提供可靠的基础。

（一）数据清洗

数据清洗是数据预处理的首要步骤，旨在消除原始数据中的错误、重复、不一致等问题。在会计信息智能化处理中，数据清洗尤为重要，因为财务数据的准确性和完整性直接关系到企业的决策效果。机器学习技术可以通过多种算法自动识别和修正数据中的错误，例如使用聚类算法识别并剔除异常值，使用模式识别技术检测并修复数据中的不一致性。此外，机器学习还能自动删除重复的数据记录，避免重复计算和信息冗余。

（二）去噪处理

在会计信息中，噪声数据往往指的是那些由于各种原因产生的干扰信息，如录入错误、设备故障等。这些噪声数据会影响数据分析的准确性和可靠性。机器学习技术可以通过各种去噪算法，如滤波算法、平滑算法等，有效去除数据中的噪声，提高数据质量。通过去噪处理，系统能够更准确地提取出数据中的有用信息，为后续的建模和分析提供有力支持。

（三）缺失值处理

在会计信息中，由于各种原因（如遗漏、丢失等），数据集中常常存在缺失值。这些缺失值会影响数据分析的完整性和准确性。机器学习技术可以通过多种方法对缺失值进行处理，如基于统计学的填充方法（如均值填充、中位数填充等）、基于机器学习的预测方法（如基于回归模型的预测、基于决策树的预测等）以及基于数据分布的填充方法（如众数填充、随机抽样填充等）。通过这些方法，系统能够自动填充缺失值，提高数据的完整性和可用性。

（四）数据标准化与归一化

在会计信息智能化处理中，不同数据往往具有不同的量纲和取值范围，这会影响数据分析的准确性和可比较性。为了消除这种影响，需要对数据进行标准化和归一化处理。标准化是将数据转换为均值为 0、标准差为 1 的分布形式，而归一化则是将数据转换为 [0,1] 或 [-1,1] 之间的范围。通过这两种方法，系统可以将不同量纲和取值范围的数据转换为统一的形式，便于后续的数据分析和建模。在数据标准化和归一化过程中，机器学习技术可以自动计算数据的均值、标准差等统计量，并根据预设的规则进行转换。

数据预处理在会计信息智能化处理中发挥着至关重要的作用。通过机器学习技术的自动处理，系统能够消除原始数据中的错误、噪声和缺失值等问题，提高数据质量。同时，数据预处理还能够对数据进行标准化和归一化处理，提高数据分析的准确性和可比较性。在未来，随着机器学习技术的不断发展和完善，数据预处理在会计信息智能化处理中的应用将会更加广泛和深入。

二、风险评估

在会计信息智能化处理流程中，风险评估是一个至关重要的环节。通过学习和分析历史数据，机器学习技术能够构建出有效的风险评估模型，用于评估企业的风险水平，如偿债能力、盈利能力等。

（一）数据收集与预处理

在风险评估过程中，数据是基础和核心。需要收集与企业相关的各种会计信息数据，包括财务报表、经营数据、市场数据等。这些数据涵盖了企业的财务状况、经营成果以及市场环境等多个方面，是构建风险评估模型的重要依据。对收集到的数据进行预处理是必不可少的步骤。预处理包括数据清洗、数据转换、数据标准化等过程，旨在消除数据中的噪声和异常值，确保数据的质量和准确性。同时，预处理还能够将数据转换为机器学习算法所需的格式，为后续的模型构建和训练奠定基础。

（二）机器学习算法的选择与应用

在风险评估中，机器学习算法的选择至关重要。不同的算法适用于不同的数据类型和场景，因此需要根据具体需求选择合适的算法。例如，对于分类问题，可以选择决策树、支持向量机等算法；对于回归问题，可以选择线性回归、逻辑回归等算法。

一旦选择了合适的算法，就需要将其应用于历史数据中进行训练。通过训练，机器学习算法能够自动找出数据中的规律和模式，并据此构建出风险评估模型。这个模型能够对企业未来的风险水平进行预测和评估，为企业的决策提供科学依据。

（三）风险评估模型的构建与优化

风险评估模型的构建是一个复杂的过程。在构建模型时，需要考虑多个因素，如企业的财务状况、经营成果、市场环境等。同时，还需要选择合适的评估指标和权重，以确保模型能够全面、准确地评估企业的风险水平。在模型构建完成后，还需要对模型进行优化。优化可以通过调整模型的参数、增加新的特征等方式来实现。通过优化，可以进一步提高模型的预测准确性和泛化能力，使其能够更好地适应不同的企业和市场环境。

（四）风险评估结果的输出与解释

风险评估模型的输出结果是企业风险水平的评估值。这个评估值通常以数值或等级的形式呈现，能够直观地反映企业的风险状况。同时，机器学习技术还能够提供对评估结果的解释和说明，帮助企业更好地理解风险来源和影响因素。这些解释和说明可以帮助企业制定针对性的风险管理措施，降低风险水平。例如，对于偿债能力较弱的企业，可以采取加强资金管理、优化债务结构等措施来提高偿债能力；对于盈利能力较弱的企业，可以采取拓展市场、提高产品质量等措施来提升盈利能力。

（五）风险评估的持续更新与改进

随着市场环境的变化和企业的发展，企业的风险状况也会不断发生变化。因此，风险评估需要持续进行更新和改进。这包括定期收集新的数据、对模型进行重新训练和优化、调整评估指标和权重等。通过持续更新和改进，可以确保风险评估模型始终能够准确地反映企业的风险状况。同时，还可以帮助企业及时发现新的风险点并采取相应风险管理措施，降低企业的风险水平。

风险评估是会计信息智能化处理中的关键步骤。通过收集和处理历史数据、选择合适的机器学习算法、构建和优化风险评估模型、输出和解释评估结果以及持续更新和改进模型，可以实现对企业风险水平的全面、准确评估，为企业的决策提供科学依据。

三、信用评级

在会计信息智能化处理中，信用评级是一项至关重要的任务。通过机器学习算法，系统能够自动发现信用评级与各种财务指标之间的关系，预测未来可能的信用违约情况，为企业和金融机构提供决策支持。

（一）财务指标与信用评级的关联分析

信用评级的核心在于评估借款人的还款能力和意愿。在会计信息智能化处理中，机器学习算法能够自动分析各种财务指标，如资产负债率、流动比率、盈利能力等，并发现这些指标与信用评级之间的关联。通过对大量历史数据的学习，系统能够识别出哪些财务指标对信用评级具有重要影响，并据此构建信用评级模型。

（二）信用评级模型的构建与优化

在关联分析的基础上，机器学习算法可以构建信用评级模型。这些模型通常采用监督学习的方法，利用已知的信用评级数据对模型进行训练。训练完成后，模型能够自动根据输入的财务指标计算出相应的信用评级。为了提高模型的准确性和泛化能力，机器学习算法还可以对模型进行优化，如调整模型的参数、选择更合适的算法等。

（三）实时更新与动态调整

市场环境和企业经营状况的变化可能导致信用评级模型失效。因此，会计信息智能化处理系统需要实时更新和动态调整信用评级模型。机器学习算法可以实时监测新的数据输入，并评估其对模型性能的影响。当新的数据对模型性能产生显著影响时，系统可以自动重新训练模型，以适应新的市场环境和企业经营状况。此外，系统还可以根据用户的反馈和实际需求，对模型进行微调，以满足不同的信用评级需求。

（四）风险预警与决策支持

信用评级模型的应用不仅限于评估借款人的当前信用状况，还可以用于风险预警和决策支持。通过实时监测借款人的财务指标和信用评级变化，系统可以及时发现潜在的风险点，并提前进行预警。这有助于企业和金融机构提前采取措施，降低信用风险。此外，信用评级模型还可以为企业的投资决策提供支持，帮助企业选择信用状况良好的合作伙伴和投资项目。

（五）合规性与监管要求

在信用评级过程中，合规性和监管要求是不可忽视的因素。会计信息智能化处理系统需要确保信用评级过程符合相关法律法规和监管要求。这包括数据的安全性、隐私保护、模型的透明度和可解释性等。机器学习算法可以通过加密技术、差分隐私等方法保护数据的安全性和隐私性；同时，通过采用可解释性强的机器学习算法和模型可视化技术，提高模型的透明度和可解释性，以满足监管要求。

信用评级在会计信息智能化处理中发挥着重要作用。通过机器学习算法自动发现财务指标与信用评级之间的关联、构建和优化信用评级模型、实时更新和动态调整模型以及提供风险预警和决策支持等功能，系统能够为企业和金融机构提供准确、可靠的信用评级服务。同时，系统还需要确保信用评级过程的合规性和监管要求得到满足，以保障数据的安全性和隐私性。

四、财务报表分析

在会计信息智能化处理领域，财务报表分析是一项至关重要的任务。机器学习技术的引入，使得财务报表分析能够更快速、更准确地完成，并帮助企业识别异常数据，发现潜在问题。

（一）财务报表数据的自动化处理

传统的财务报表分析通常需要耗费大量的人力和时间，对数据进行手动处理和分析。然而，机器学习技术的引入，使得这一过程能够实现自动化。机器学习算法可以自动地从财务报表中提取关键信息，如收入、成本、利润等，并进行分类、整理和分析。这不仅大大提高了分析的效率，还减少了人为错误的可能性。

（二）异常数据的快速识别

在财务报表中，异常数据往往隐藏着潜在的问题和风险。然而，由于数据量庞大且复杂，人工识别异常数据往往是一项艰巨的任务。机器学习算法则能够通过学习和训练，自动识别出与常规模式不符的异常数据。这些异常数据可能是由于操作失误、欺诈行为或外部环境变化等原因引起的，它们的存在可能对企业的财务状况和经营成果产生重大影响。因此，快速识别异常数据对于企业的风险管理和决策制定具有重要意义。

（三）潜在问题的深入分析

除了识别异常数据，机器学习还能够对财务报表中的潜在问题进行深入分析。通过对历史数据的学习和训练，机器学习算法能够发现数据中的规律和趋势，并据此预测未来的财务状况和经营成果。同时，机器学习还能够对财务报表中的各项指标进行关联分析和比较分析，发现指标之间的异常关系和潜在问题。这些分析结果可以帮助企业更深入地了解自身的财务状况和经营状况，发现潜在的风险和机会，为企业的决策制定提供有力支持。

（四）财务报表分析的持续优化

随着市场环境的变化和企业的发展，财务报表分析的需求也会不断发生变化。机器学习技术能够不断地从新的数据中学习新的知识和模式，并对自身的模型进行更新和优化。这使得财务报表分析能够适应不同企业的需求和市场环境的变化，始终保持较高的准确性和可靠性。此外，机器学习技术还能够根据用户的反馈和新的需求，不断地调整和优化分析模型和算法，使其更加符合企业的实际需求。

在会计信息智能化处理的背景下，财务报表分析正逐渐成为一个自动化的过程。机器学习技术的应用不仅提高了分析的效率和准确性，还使得分析结果更加深入和全面。通过快速识别异常数据、深入分析潜在问题以及持续优化分析模型，机器学习技术为企业提供了有力的支持，帮助企业更好地了解自身的财务状况和经营状况，为企业的决策制定提供科学依据。同时，随着技术的不断发展和完善，相信未来机器学习在财务报表分析领域的应用将会更加广泛和深入。

五、投资组合优化

在会计信息智能化处理领域，投资组合优化是一个关键的应用方向。通过利用机器学习技术，投资者能够深入分析金融资产的历史表现、相关性以及其他相关信息，从而优化投资组合的配置，实现风险和收益的平衡。

（一）金融资产历史表现的分析

在投资组合优化的过程中，对金融资产历史表现的分析是至关重要的一步。机器学习技术能够自动收集和处理大量的历史数据，包括股票、债券、基金等各类金融资产的价格、收益率、波动率等指标。通过对这些数据分析，系统能够识别出不同资产的历史表现模式，为投资者提供有价值的参考信息。

（二）资产相关性的挖掘

除了分析单个资产的历史表现，投资组合优化还需要考虑资产之间的相关性。资产相关性是指不同资产价格变动之间的关联性，它反映了资产之间的风险分散效应。机器学习技术可以通过各种算法，如协方差分析、主成分分析等，自动挖掘出资产之间的相关性，并据此构建资产相关性网络。这个网络可以帮助投资者了解不同资产之间的风险传递路径，为优化投资组合提供有力支持。

（三）投资组合优化模型的构建

在掌握了金融资产的历史表现和相关性之后，投资者需要构建投资组合优化模型。这个模型的目标是在给定的风险水平下，将投资组合的期望收益最大化。机器学习技术可以应用于这个模型的构建过程中。例如，可以使用强化学习算法来模拟投资者的决策过程，并通过迭代学习不断优化投资组合的配置；还可以使用遗传算法等优化算法来搜索全局最优解，从而得到最佳的投资组合配置。

（四）实时调整与优化

市场环境的变化和金融市场的波动可能导致投资组合的配置失效。因此，投资者需要实时调整和优化投资组合的配置。会计信息智能化处理系统可以通过实时监测金融市场数据、政策变化等信息，自动评估投资组合的风险和收益状况，并给出相应的调整建议。此外，系统还可以根据投资者的风险偏好和收益目标，自动调整投资组合的配置，以实现风险和收益的平衡。在实时调整与优化过程中，机器学习技术还可以应用于预测金融市场的未来走势。通过对历史数据的分析和学习，系统可以预测未来金融市场的可能变化，并据此调整投资组合的配置。这种预测能力可以帮助投资者提前规避风险、把握机会，实现更好的投资效果。

投资组合优化在会计信息智能化处理中具有重要的应用价值。通过利用机器学习技术，投资者可以深入分析金融资产的历史表现、相关性以及其他相关信息，构建出有效的投资组合优化模型，并实时调整和优化投资组合的配置。这不仅有助于实现风险和收益的平衡，还可以提高投资者的投资效率和收益水平。在未来，随着机器学习技术的不断发展和完善，投资组合优化在会计信息智能化处理中的应用将会更加广泛和深入。

第三节 机器学习算法的选择与优化

一、问题类型

在会计信息智能化处理中，问题类型的明确是选择合适机器学习算法的基础。问题类型通常决定了机器学习算法的目标和架构，进而影响最终的预测或分析结果。

(一) 分类问题的处理

分类问题是会计信息智能化处理中常见的问题类型之一。它涉及将数据划分为不同的类别或标签。在会计领域，分类问题可能包括识别欺诈交易、预测企业信用等级、分类财务报表项目等。对于分类问题，常用的机器学习算法包括决策树、支持向量机（SVM）、朴素贝叶斯分类器等。这些算法能够根据数据的特征将其归类到相应的类别中。例如，决策树算法通过构建树形结构来模拟人类的决策过程；SVM算法则通过寻找一个超平面来划分不同类别的数据；朴素贝叶斯分类器则是基于贝叶斯定理和特征条件独立假设进行分类的。

在选择分类算法时，需要考虑数据的特征、规模以及分类的复杂程度。对于小规模数据或简单分类问题，决策树算法可能更加适用；而对于大规模数据或复杂分类问题，SVM算法或深度学习算法可能更加有效。

(二) 回归问题的处理

回归问题是会计信息智能化处理中的另一类重要问题。它涉及预测一个连续数值的输出，如预测企业的销售额、预测股票价格等。对于回归问题，常用的机器学习算法包括线性回归、岭回归、随机森林回归等。这些算法能够根据输入特征来预测输出数值。例如，线性回归算法通过拟合一条直线或曲线来描述输入特征和输出数值之间的关系；岭回归算法则在线性回归的基础上添加正则化项来防止过拟合；随机森林回归则是通过构建多个决策树并取平均值来预测输出数值。

在选择回归算法时，需要考虑数据的线性关系、噪声水平以及模型的复杂度。对于具有线性关系的数据，线性回归算法可能更加适用；而对于噪声较大或非线性关系的数据，岭回归或随机森林回归算法可能更加有效。

（三）问题类型与算法选择的综合考虑

在选择机器学习算法时，除了考虑问题的类型，还需要综合考虑其他因素，如数据的特征、规模、质量以及计算资源等。不同的算法对数据的特征和规模有不同的要求，因此需要选择能够适应当前数据特点的算法。同时，计算资源的限制也需要考虑在内，以避免选择过于复杂的算法导致计算成本过高。此外，还需要注意算法的可解释性和稳健性。在会计信息智能化处理中，算法的可解释性对于理解和信任预测结果至关重要。因此，需要选择能够提供明确解释和推理过程的算法。同时，算法的稳健性也需要考虑在内，以确保在不同数据和环境下都能保持稳定的性能。

根据问题的类型选择合适的机器学习算法是会计信息智能化处理的重要步骤。通过明确问题的类型并综合考虑数据特点、计算资源以及算法的可解释性和稳健性等因素，可以选择出最适合当前问题的机器学习算法，从而提高预测或分析的准确性和可靠性。

二、数据规模

在会计信息智能化处理过程中，数据规模的大小是一个不可忽视的因素。不同规模的数据对算法的选择、处理效率和结果准确性都有着重要影响。

（一）算法选择

在会计信息智能化处理中，算法的选择直接决定了数据处理的效果和效率。对于大规模数据，需要选择能够高效处理海量数据的算法，如分布式计算框架、深度学习算法等。这些算法能够充分利用计算资源，快速完成数据处理任务。而对于小规模数据，可以选择更加精细化的算法，如决策树、支持向量机等，以获取更准确的预测结果。

（二）处理效率

数据规模的大小直接影响数据处理的效率。大规模数据需要更多的计算资源和时间来完成处理任务。因此，在选择算法时，需要充分考虑算法的时间复杂度和空间复杂度，以确保在有限的资源下能够高效地完成数据处理任务。同时，还需要注意算法的并行性和可扩展性，以便在需要时能够方便地扩展计算资源，提高处理效率。

（三）结果准确性

数据规模的大小也影响数据处理的结果准确性。对于大规模数据，由于数据量的增加，数据的复杂性和多样性也会相应增加，这可能导致数据处理结果的准确性下降。因此，在处理大规模数据时，需要采用更加复杂和精细化的算法，以获取更准确的结果。同时，还需要注意数据的预处理和特征选择等步骤，以提高数据的质量和模型的泛化能力。

（四）存储与传输

大规模数据的存储和传输也是会计信息智能化处理中需要考虑的问题。由于数据量巨大，需要采用高效的存储技术和传输协议来确保数据的可靠性和安全性。同时，还需要考虑数据的备份和恢复策略，以防止数据丢失或损坏。在数据传输方面，需要采用高速的网络连接和压缩技术来减少传输时间和带宽占用。

（五）模型训练与部署

在会计信息智能化处理中，模型的训练和部署也需要考虑数据规模的大小。对于大规模数据，模型的训练需要更多的计算资源和时间。因此，需要采用分布式训练框架或云计算平台来加速模型的训练过程。同时，还需要注意模型的复杂度和泛化能力，以确保模型能够在不同的数据集上获得良好的表现。在模型部署方面，需要考虑模型的实时性和可扩展性，以便在需要时能够快速地响应和处理新的数据。

数据规模在会计信息智能化处理中具有重要的影响。在选择算法、处理效率、结果准确性、存储与传输以及模型训练与部署等方面都需要充分考虑数据规模的大小。只有根据数据规模的特点选择合适的算法和技术手段，才能确保会计信息智能化处理的准确性和效率。

三、算法效率

在会计信息智能化处理中，算法效率是至关重要的一环。高效的算法不仅能提高数据处理和分析的速度，还能减少计算资源的消耗，从而实现更快速、更经济的业务决策。

（一）算法复杂度分析

算法复杂度是衡量算法效率的重要指标之一。它反映了算法在处理不同规模数据时所需的计算资源和时间。在选择算法时，需要对其时间复杂度和空间复杂度进行分析，以确保所选算法在特定任务中具有较高的效率。时间复杂度主要关注算法执行时间随数据规模增长的变化趋势，而空间复杂度则关注算法所需存储空间的大小。

（二）任务特性与算法匹配

不同的会计信息处理任务具有不同的特性，如数据规模、数据结构、计算需求等。在选择算法时，需要考虑任务特性与算法之间的匹配程度。例如，对于大规模数据处理任务，可能需要选择具有较低时间复杂度的算法；对于需要频繁访问数据的任务，则需要选择具有较低空间复杂度的算法。通过选择与任务特性相匹配的算法，可以确保算法在特定任务中表现出较高的效率。

（三）算法的可扩展性与并行性

随着企业业务的不断扩展和数据量的不断增长，会计信息处理任务也需要具备较高的可扩展性和并行性。可扩展性是指算法能够随着计算资源的增加而提高处理能力的特性；并行性则是指算法能够利用多个计算资源同时执行任务的特性。在选择算法时，需要考虑其是否具备较好的可扩展性和并行性，以确保在处理大规模数据时能够保持较高的效率。

（四）算法的稳定性与鲁棒性

在会计信息智能化处理中，算法的稳定性和鲁棒性也是需要考虑的重要因素。稳定性是指算法在不同数据集和不同环境下能够保持一致性能的特性；

鲁棒性则是指算法在面临噪声、异常值或数据缺失等情况下仍能给出合理结果的能力。选择具备较高稳定性和鲁棒性的算法，可以在一定程度上减少数据质量和环境变化对算法性能的影响，从而提高整体处理效率。

（五）算法的优化与调参

在实际应用中，算法的效率和性能往往可以通过优化和调参来进一步提升。算法优化可以通过改进算法结构、减少冗余计算、优化数据存储和访问等方式来实现；调参则是通过调整算法的参数来适应不同任务和数据的特性。在选择算法时，需要考虑其是否具备较好的优化和调参能力，以便在实际应用中能够根据需要进行调整和优化，从而提高算法在特定任务中的效率。

在会计信息智能化处理中选择高效算法需要从多个方面进行考虑。通过分析算法复杂度、匹配任务特性、考虑可扩展性和并行性、评估稳定性和鲁棒性以及关注优化和调参能力等方面，可以选择出在特定任务中表现高效的算法，从而提高数据处理和分析的速度，为企业业务决策提供更快速、更经济的支持。

四、迭代优化

在会计信息智能化处理过程中，迭代优化是一个至关重要的环节。它涉及根据模型在验证集上的实际表现，对算法进行不断的调整和改进，从而持续提升预测和分析的准确性。

（一）模型性能监控与评估

在迭代优化过程中，模型性能的监控与评估是第一步。这通常包括观察模型在验证集上的各项性能指标，如准确率、召回率、F1分数、AUC（Area Under Curve)值等。这些指标能够直观地反映出模型在不同方面的性能优劣，为我们提供迭代优化的方向和依据。通过不断的监控和评估模型性能，我们可以及时发现模型存在的问题，从而进行针对性的优化。

（二）算法调整与优化

在发现模型性能存在问题后，我们需要对算法进行调整与优化。这可能包括改变模型的学习率、增加或减少模型层数、修改损失函数等。通过调整算法参数，我们可以使模型更好地适应数据分布，提高预测准确性。此外，我们还可以尝试引入新的算法或技术，如深度学习、强化学习等，以进一步提升模型的性能。在算法调整与优化过程中，我们需要注意避免过拟合和欠拟合的问题。过拟合通常是由于模型复杂度过高导致，而欠拟合则可能是由于模型复杂度不足或数据特征选择不当导致。因此，在调整算法时，我们需要综合考虑模型的复杂度、数据特征以及业务场景等因素，以找到最佳的平衡点。

（三）数据预处理与特征工程

数据预处理和特征工程是迭代优化中不可忽视的一环。在会计信息智能化处理中，数据的质量和特征的选择对模型的性能有着至关重要的影响。因此，需要对数据进行清洗、转换、标准化等预处理操作，以提高数据的质量和一致性。同时，我们还需要进行特征选择、特征组合等特征工程操作，以筛选出对预测结果影响最大的特征子集，从而提高模型的预测准确性。在数据预处理和特征工程的过程中，需要注意保持数据的原始性和完整性。过度清洗或转换数据可能导致信息的丢失或扭曲，从而影响模型的预测准确性。因此，在进行数据预处理和特征工程时，需要谨慎选择方法和参数，确保数据的真实性和有效性。

（四）持续学习与适应性

会计信息智能化处理的场景通常是复杂多变的。随着市场环境的变化、业务需求的调整以及新数据的不断产生，我们需要不断地更新和优化模型以适应新的环境和需求。因此，迭代优化需要具有持续学习和适应性的能力。在持续学习的过程中，我们可以利用新的数据对模型进行再训练，以更新模型的参数和权重，这有助于模型更好地适应新的数据分布和业务场景。同时，我们还可以利用迁移学习等技术将旧模型的知识迁移到新模型中，以加速新模型的训练和优化过程。在适应性方面，我们需要关注模型的泛化能力和鲁棒性。泛化能力是指模型对新数据的适应能力，而鲁棒性则是指模型在受到噪声或异常值干扰时的稳定性。通过提高模型的泛化能力和鲁棒性，我们可以使模型更好地应对复杂多变的环境和业务场景。

迭代优化在会计信息智能化处理中具有重要的作用。通过监控与评估模型性能、调整与优化算法、预处理与特征工程以及持续学习与适应性等方面的努力，我们可以不断提高模型的预测准确性，为企业的决策提供有力支持。

五、实时更新

在会计信息智能化处理领域，机器学习模型的实时更新能力对于保持模型的有效性和准确性至关重要。随着数据的不断积累和外部环境的变化，原有的模型可能会逐渐失去其预测和分析能力。因此，实时更新机器学习模型以适应新的数据和环境变化成为会计信息智能化处理中不可或缺的一环。

（一）数据动态性与模型适应性

会计信息处理中，数据往往具有高度的动态性。随着企业业务的不断发展和市场环境的变化，新的数据不断产生，旧的数据可能逐渐失去其参考价值。因此，机器学习模型需要具备适应这种数据动态性的能力，能够实时更新以反映最新的数据特征。通过实时更新，模型可以不断学习新的数据模式，提高预测和分析的准确性。

（二）环境变化与模型调整

除了数据动态性，外部环境的变化也会对会计信息处理产生影响。例如，政策调整、行业趋势变化等因素都可能对企业的财务状况和经营成果产生影响。为了保持模型的有效性和准确性，机器学习模型需要及时调整以适应这些环境变化。通过实时更新，模型可以迅速响应环境变化，重新学习新的数据模式，从而确保预测和分析结果的可靠性。

（三）模型老化与性能下降

随着时间的推移，机器学习模型可能会因为老化而导致性能下降。这是因为随着时间的推移，数据的分布和特征可能发生变化，而原有的模型可能无法适应这些变化。此外，模型在训练过程中可能存在过拟合或欠拟合等问题，导致其在新数据上的表现不佳。为了避免模型老化导致的性能下降，需要定期对模型进行实时更新。通过引入新的数据并重新训练模型，可以消除模型老化带来的负面影响，提高模型的预测和分析能力。

（四）实时更新策略与流程

在会计信息智能化处理中，实现机器学习模型的实时更新需要制定一套合理的策略和流程。首先，需要明确更新的频率和方式。根据数据的动态性和环境变化的频率，可以设定不同的更新周期，如每天、每周或每月更新一次。同时，需要选择合适的更新方式，如增量学习、在线学习或重新训练等。其次，需要建立数据收集和预处理机制。为了确保模型能够学习到最新的数据特征，需要建立一套完善的数据收集和预处理机制，以确保数据的质量和一致性。最后，需要监控和评估模型的性能。通过监控模型的预测和分析结果，及时发现模型存在的问题并进行调整。同时，需要对模型的性能进行评估和比较，以确保更新后的模型在各方面都有所提升。

实时更新是会计信息智能化处理中机器学习模型不可或缺的一环。通过实时更新，机器学习模型可以适应数据的动态性和环境的变化，保持其有效性和准确性。为了实现实时更新，需要制定合理的更新策略和流程，并建立数据收集和预处理机制以及监控和评估机制。这些措施将有助于提高机器学习模型在会计信息智能化处理中的表现和应用效果。

第四节　机器学习在会计欺诈检测中的应用

一、异常检测

在会计信息智能化处理中，异常检测扮演着至关重要的角色。机器学习算法通过学习正常数据的模式，能够识别出不符合这些模式的异常数据，这些异常数据可能暗示着潜在的欺诈行为或其他风险。

（一）风险预警与防范

在会计信息处理中，异常数据往往代表着潜在的风险。例如，在财务报表中，突然的大额交易、不寻常的支出或异常的账户活动可能预示着欺诈或错误的发生。通过应用机器学习算法进行异常检测，系统能够自动识别和标记这些异常数据，为财务人员提供及时的风险预警。这样，企业可以更早地发现问题，采取相应的防范措施，避免潜在的经济损失和声誉损害。

（二）提升数据处理效率

在大量的会计信息中，人工筛查异常数据是一项耗时且容易出错的任务。而机器学习算法可以在短时间内自动处理和分析海量数据，准确识别出异常数据。这不仅提高了数据处理的效率，还降低了人为错误的风险。通过自动化异常检测，企业能够更快速、更准确地识别出潜在风险，从而更好地保护自身利益。

（三）优化决策支持

异常检测不仅可以帮助企业发现潜在风险，还可以为企业的决策提供有力支持。通过对异常数据的深入分析，企业可以了解业务运营中的薄弱环节和潜在问题，从而制定更加精准、有效的策略。例如，企业可以根据异常检测的结果调整财务策略、优化供应链管理或改进客户服务等。这些基于异常检测数据的决策能够更好地适应市场变化和客户需求。

（四）推动技术创新与发展

随着技术的不断发展和进步，异常检测在会计信息智能化处理中的应用也在不断拓展和深化。越来越多的先进技术被应用于异常检测领域，如深度学习、无监督学习、强化学习等。这些新技术的引入不仅提高了异常检测的准确性和效率，还为企业带来了更多的创新机会。例如，企业可以利用深度学习算法对复杂的财务数据进行建模和预测，从而更准确地识别出潜在风险；利用无监督学习算法发现数据中的隐藏模式，为企业提供更深入的洞察和分析；利用强化学习算法不断优化异常检测模型，提高其在复杂场景下的适用性和鲁棒性。此外，随着大数据、云计算等技术的普及和应用，异常检测在会计信息智能化处理中的应用也将更加广泛和深入。企业可以利用这些技术构建更加智能、高效的异常检测系统，实现对财务数据的实时监控和预警。同时，随着技术的不断进步和创新，异常检测在会计信息智能化处理中的作用也将越来越重要，成为企业不可或缺的一部分。

异常检测在会计信息智能化处理中发挥着至关重要的作用。它不仅能够帮助企业发现潜在风险、提升数据处理效率、优化决策支持，还能推动技术创新与发展。因此，企业应该高度重视异常检测在会计信息智能化处理中的应用，并不断探索和尝试新的技术和方法，以提高自身的竞争力和适应能力。

二、模式识别

在会计信息智能化处理领域，模式识别技术发挥着至关重要的作用，特别是在识别欺诈行为方面。通过学习历史欺诈案例，机器学习模型能够自动提取出欺诈行为的典型模式，并据此预测和识别新的欺诈行为。

（一）历史数据学习与欺诈模式挖掘

模式识别的第一步是学习和挖掘历史数据中的欺诈模式。在这一阶段，机器学习模型会大量分析过去的欺诈案例，这些案例通常包含了详细的会计数据、交易记录以及相关的环境信息。通过对这些数据的深入分析和学习，模型能够识别出欺诈行为的共同特征，从而构建起欺诈行为的典型模式。在会计信息智能化处理中，这种对历史数据的学习尤为重要。因为会计数据往往具有高度的复杂性和多样性，只有通过大量的数据分析和学习，才能准确挖掘出欺诈行为的模式。此外，由于欺诈行为往往具有隐蔽性，机器学习模型还需要具备强大的特征提取和模式识别能力，以识别各种复杂的欺诈场景。

（二）欺诈模式分类与标签化

在挖掘出欺诈行为的典型模式后，机器学习模型还需要对这些模式进行分类和标签化。这一过程通常涉及对欺诈行为的类型、特征以及风险等级进行划分和定义。通过分类和标签化，模型能够更加清晰地了解各种欺诈行为的特点和差异，从而为后续的预测和识别提供更为准确的依据。

在会计信息智能化处理中，欺诈模式的分类和标签化通常需要根据具体的业务场景和需求进行定制。例如，可以根据欺诈行为的性质、手段以及影响程度等因素进行分类，或者根据企业的风险偏好和监管要求等因素进行标签化。这样，机器学习模型就能够更加精准地识别出各种欺诈行为，并为企业提供更为有效的风险防控措施。

（三）实时数据监测与欺诈预警

在完成了对历史数据的学习和对欺诈模式的分类与标签化后，机器学习模型就可以开始实时监测新的会计数据了。通过对比实时数据与已知的欺诈模式，模型能够及时发现并预警潜在的欺诈行为。在会计信息智能化处理中，实时数据监测和欺诈预警是模式识别技术的重要应用之一。通过实时监测企业的会计数据和交易记录，机器学习模型能够及时发现异常情况，并自动触发预警机制。这样，企业就能够迅速响应并采取相应的措施，以防止欺诈行为的发生。

（四）模型优化与更新

随着新的会计数据和欺诈案例的不断产生，机器学习模型也需要不断地进行优化和更新。通过不断学习和适应新的数据和环境变化，模型能够不断提高其识别欺诈行为的能力和准确性。在会计信息智能化处理中，模型的优化和更新通常包括以下几个方面：一是定期更新模型的训练数据，以反映最新的欺诈行为和模式。二是调整模型的参数和结构，以优化其性能和准确性；三是引入新的算法和技术，以进一步提升模型的识别能力和效率。

三、实时监控

在会计信息智能化处理领域，实时监控是一项至关重要的技术。机器学习模型的引入使得实时监控变得更加高效、准确，能够及时发现潜在的欺诈行为，确保企业财务数据的完整性和安全性。

（一）实时数据捕获与分析

实时监控的首要任务是捕获和分析实时的财务数据流。传统的会计处理方式通常存在数据延迟的问题，无法及时反映企业当前的财务状况。而机器学习模型则能够实时接收和处理财务数据，通过自动化的算法对数据进行快速分析，发现其中的异常模式和潜在风险。这种实时性使得企业能够在第一时间了解财务状况，为决策提供及时、准确的数据支持。

（二）欺诈行为检测与预警

实时监控的另一个重要功能是检测和预警潜在的欺诈行为。机器学习模型通过对历史数据的学习，能够建立起一套完善的欺诈行为识别模式。当实时数据中出现与这些模式相似的异常行为时，模型会立即发出预警，提醒财务人员关注并采取相应的措施。这种自动化的欺诈检测机制能够大大减轻人工筛查的负担，提高欺诈行为的发现率和处理效率。

（三）风险识别与评估

实时监控不仅能够检测欺诈行为，还能够识别和评估其他类型的财务风险。通过实时分析财务数据流，机器学习模型能够发现数据中的异常波动、不合理结构等问题，并对其进行风险评估。这些评估结果可以帮助企业了解自身财务状况的稳定性和可持续性，为企业的战略规划提供有力支持。

（四）自适应学习与优化

机器学习模型具有自适应学习和优化的能力。在实时监控过程中，模型会不断地接收新的财务数据，并根据这些数据对自身的参数和算法进行调整和优化。这种自适应能力使得模型能够不断地提高自身的准确性和效率，更好地适应企业实际运营的需求。同时，模型还可以根据历史数据和实时数据的变化趋势，预测未来的财务状况和风险趋势，为企业的决策提供前瞻性的指导。

（五）多源数据融合与综合监控

在会计信息智能化处理中，实时监控还需要考虑多源数据的融合和综合监控。企业的财务数据往往来自不同的系统和部门，这些数据在格式、质量、更新频率等方面存在差异。机器学习模型需要能够处理这些异构数据，并将其融合到一个统一的监控平台上。通过综合监控多个数据源，模型可以更加全面地了解企业的财务状况和风险状况，提高监控的准确性和全面性。此外，实时监控还需要考虑与其他系统的集成和协同工作。例如，可以与企业的 ERP 系统、CRM 系统等进行集成，实现数据的共享和协同处理。这样不仅可以提高监控的效率和准确性，还可以为企业的其他业务活动提供有力支持。

实时监控在会计信息智能化处理中发挥着关键作用。它能够实时捕获和分析财务数据流，检测和预警潜在的欺诈行为，识别和评估财务风险，具有自适应学习和优化的能力，并且能够实现多源数据的融合和综合监控。这些功能使得实时监控成为企业保护财务数据完整性和安全性的重要工具之一。

四、预测分析

在会计信息智能化处理领域，预测分析是一项至关重要的技术，它利用机器学习技术来预测企业或个人在未来是否可能进行欺诈行为。这种预测能力不仅有助于企业及时发现潜在的欺诈风险，还能为企业的风险管理提供有力支持。

（一）数据收集与预处理

预测分析的第一步是收集与欺诈行为相关的数据，并进行预处理。这些数据可能包括历史交易记录、财务报表、个人信用记录等。在收集数据后，需要进行数据清洗、去重、缺失值填充等预处理操作，以确保数据的质量和准确性。同时，还需要对数据进行特征提取和选择，以筛选出与欺诈行为最相关的特征。

（二）模型选择与训练

在完成了数据预处理后，需要选择合适的机器学习模型进行训练。根据数据的特性和预测目标的不同，可以选择不同的模型，如逻辑回归、决策树、随机森林、神经网络等。在选择模型时，需要考虑模型的准确性、稳定性、可解释性等因素。同时，还需要对模型进行训练，以使其能够学习到数据中的规律和模式。

（三）欺诈风险评分

训练好模型后，就可以对新的数据进行预测分析，并给出相应的欺诈风险评分。这个评分通常是一个介于0~1之间的数值，表示该数据对应的主体在未来进行欺诈行为的可能性。评分越高，表示欺诈风险越大，评分越低，表示欺诈风险越小。通过欺诈风险评分，企业可以更加直观地了解各个主体的欺诈风险情况，从而采取相应的风险管理措施。

（四）模型验证与优化

在给出欺诈风险评分后，需要对模型进行验证和优化。验证的目的是评估模型的准确性和可靠性，可以通过交叉验证、留出验证等方法进行。如果模型的性能不佳，就需要对模型进行优化，如调整模型的参数、增加新的特征、更换模型等。通过不断的验证和优化，可以逐渐提高模型的预测能力和准确性。

（五）实时预测与风险监控

预测分析需要实现实时预测与风险监控，这意味着机器学习模型需要能够实时处理新的数据，并给出相应的欺诈风险评分。同时，还需要建立风险监控机制，对评分较高的主体进行重点关注和监控。如果发现某个主体的欺诈风险持续上升或达到一定的阈值，就需要及时采取相应的风险管理措施，如加强审核、限制交易等。

在会计信息智能化处理中，预测分析技术可以帮助企业及时发现潜在的欺诈风险，并为企业提供有力的风险管理支持。通过收集与欺诈行为相关的数据、选择合适的机器学习模型进行训练、给出欺诈风险评分、对模型进行验证和优化以及实现实时预测与风险监控等步骤，企业可以更加准确地预测欺诈行为的发生，并采取相应的措施来降低风险。这种预测分析能力不仅有助于企业保护自身的利益，还能提高企业的风险管理水平。

五、自动化响应

在会计信息智能化处理中，自动化响应是确保系统能够及时、有效地应对潜在风险的关键环节。当机器学习系统检测到欺诈行为时，它能够自动触发警报或采取其他响应措施，从而极大地提高风险处理的效率。

（一）提高风险响应的及时性

在传统的会计信息处理中，对于欺诈行为的识别和响应往往依赖于人工筛查和判断。这种方式不仅效率低下，而且容易受到人为因素的影响，导致响应不及时。而引入自动化响应机制后，机器学习系统能够实时监控财务数据流，一旦发现异常或潜在欺诈行为，立即自动触发警报或采取相应的响应措施。这种自动化的处理方式极大地提高了风险响应的及时性，使得企业能够在最短的时间内发现和处理风险，减少了潜在的经济损失和声誉损害。

（二）增强风险处理的准确性

自动化响应机制基于机器学习算法进行欺诈行为的识别和判断，具有高度的准确性和客观性。与传统的人工筛查相比，机器学习算法能够处理大量的财务数据，并从中提取出复杂的模式和规律。当检测到异常行为时，系统能够自动匹配这些模式和规律，并给出准确的判断结果。这种基于算法的自动化响应不仅提高了风险处理的准确性，而且减少了人为因素的干扰和误判的可能性。

（三）优化资源配置与流程

自动化响应机制能够优化企业的资源配置和流程。在传统的会计信息处理中，对于欺诈行为的识别和响应往往需要投入大量的人力和物力资源。而引入自动化响应后，这些工作可以交由机器学习系统来完成，从而释放了人力资源，使得企业可以将更多的精力投入其他有价值的业务活动中。此外，自动化响应还可以优化企业的风险处理流程，使得整个流程更加高效、规范。

（四）提升用户体验与满意度

自动化响应不仅提高了风险处理的效率和准确性，还能够提升用户的体验和满意度。对于企业的财务人员和其他利益相关者来说，他们更关心的是财务数据的准确性和安全性。通过引入自动化响应机制，企业可以确保财务数据的完整性和安全性得到及时、有效的保障。当发生异常或潜在欺诈行为时，系统能够自动触发警报或采取相应的响应措施，从而及时解决问题并保障用户的利益。这种及时、有效的风险处理方式可以提升用户的体验和满意度，增强用户对企业的信任感和忠诚度。自动化响应还可以与其他系统或工具进行集成和协同工作。

自动化响应在会计信息智能化处理中发挥着至关重要的作用。它能够提高风险响应的及时性、增强风险处理的准确性、优化资源配置与流程以及提升用户体验与满意度。随着技术的不断发展和进步，自动化响应在会计信息智能化处理中的应用将越来越广泛和深入。

第六章 自然语言处理在会计信息处理中的应用

第一节 自然语言处理技术概述

一、自然语言处理技术定义

自然语言处理是一门研究人与计算机之间使用自然语言进行有效通信的学科。它深入探索了人类语言的内在规律，并结合计算机科学的技术手段，旨在实现人类语言与计算机语言之间的转换。在会计信息智能化处理的背景下，NLP（自然语言处理）技术显得尤为重要，因为它为会计信息处理提供了更为高效、准确和智能的解决方案。

自然语言处理技术的核心在于让计算机能够理解和生成人类语言。这涉及语言学、计算机科学、数学等多个学科的交叉融合。语言学为 NLP 提供了语言的结构、语法、语义等方面的知识，帮助计算机理解人类语言的内在规律。计算机科学则为 NLP 提供了数据处理、算法设计等工具，使得计算机能够高效地进行语言分析和生成。数学则为 NLP 提供了统计、概率、优化等理论支持，使得 NLP 技术能够基于大规模语料库进行学习和优化。

在 NLP 技术的帮助下，计算机能够自动地识别、分析和理解文本中的信息，包括词语的含义、句子的结构、段落的主题等。同时，NLP 技术还能够将计算机生成的语言转化为人类可理解的形式，从而实现人与计算机之间的无障碍交流。这种能力在会计信息智能化处理中尤为重要，因为会计信息通常以文本形式呈现，需要计算机自动地识别、提取和分析其中的关键信息。

二、自然语言处理技术基础

在会计信息智能化处理背景下，自然语言处理技术发挥着至关重要的作用。自然语言处理技术基于语言学、计算机科学和人工智能的交叉领域，通过一系列关键技术实现了对会计信息的智能处理。

（一）语言学基础

语言学是自然语言处理技术的基石之一。在会计信息智能化处理中，语言学基础主要体现在对会计术语、句式和语境的理解上。会计文本中包含了大量的专业术语和特定句式，如资产负债表、现金流量表、营业收入等。自然语言处理技术需要通过对这些术语和句式的深入分析，理解其背后的会计含义和逻辑。同时，语境的理解也是至关重要的，因为会计文本中的信息往往需要根据上下文进行解释和推理。

在语言学基础上，自然语言处理技术通过词法分析、句法分析和语义分析等方法，对会计文本进行预处理和解析。词法分析可以识别出文本中的词汇、词性和短语结构；句法分析可以分析出句子的结构和语法关系；语义分析则可以理解句子的含义和上下文关系。这些语言学基础为自然语言处理技术在会计信息智能化处理中提供了必要的理论支持。

（二）计算机科学基础

计算机科学是自然语言处理技术的另一个重要基础。在会计信息智能化处理中，计算机科学基础主要体现在对大数据和计算能力的需求上。会计文本往往包含大量的数据和信息，需要借助计算机的高效处理能力进行快速处理和分析。计算机科学基础中的算法和数据结构是自然语言处理技术的核心。例如，机器学习算法中的深度学习模型可以通过训练大量的数据来自动学习文本的特征和规律，实现对会计信息的智能分类和预测。此外，数据结构如树形结构、图结构等也可以用于表示会计文本中的复杂关系和结构。

（三）人工智能基础

人工智能是自然语言处理技术的最终归宿和目标。在会计信息智能化处理中，人工智能基础主要体现在对智能化决策和自主学习的需求上。人工智能基础中的知识表示和推理机制为自然语言处理技术在会计信息智能化处理中提供了重要的支持。知识表示可以将会计文本中的信息转化为计算机可理解的形式，如本体、语义网络等。推理机制则可以根据这些知识进行推理和判断，实现对会计信息的智能决策和预测。此外，人工智能的自主学习能力也为自然语言处理技术在会计信息智能化处理中提供了重要的支持。通过不断的学习和优化，自然语言处理技术可以不断提高对会计信息的处理能力和准确性。

（四）跨领域融合

在会计信息智能化处理中，自然语言处理技术的应用还需要与其他领域进行融合。例如，与财务领域相结合，可以实现对财务报表的智能分析和预测；与审计领域相结合，可以实现对审计文本的智能处理和审核。这种跨领域的融合不仅可以拓宽自然语言处理技术的应用范围，还可以提高其在会计信息智能化处理中的实用性和效果。

自然语言处理技术在会计信息智能化处理中发挥着重要作用。其基于语言学、计算机科学和人工智能的交叉领域，通过语法分析、语义理解、信息抽取等关键技术实现了对会计信息的智能处理。同时，自然语言处理技术还需要与其他领域进行融合，以发挥其最大的潜力和价值。

三、自然语言处理技术发展历程

自然语言处理技术作为人工智能领域的重要分支，其发展历程经历了从早期的基于规则的方法，到基于统计的方法，再到近年来基于深度学习的方法的演变。在这一过程中，自然语言处理技术不断取得显著进步，并与会计信息智能化处理逐渐融合，为会计领域带来了革命性的变化。

（一）早期基于规则的方法与会计信息处理的初步尝试

早期，自然语言处理技术主要依赖于人工定义的规则和模式来进行语言分析。这种方法通过专家手动编写规则来识别文本中的特定结构和含义，从而实现简单的语言处理任务。然而，这种方法存在明显的局限性，如规则编写困难、泛化能力差、无法处理复杂的语言现象等。

在会计信息处理领域，早期基于规则的自然语言处理技术主要用于简单的文本分类和关键词提取任务。例如，通过定义一系列规则来识别财务报表中的特定词汇和短语，从而实现财务报表的初步分类和整理。然而，由于会计语言的复杂性和多样性，这种方法往往难以准确识别和理解文本中的深层含义，导致处理结果的准确性和可靠性受到限制。

（二）基于统计的方法与会计信息处理的进一步发展

随着计算机技术的不断发展和数据资源的日益丰富，基于统计的自然语言处理技术逐渐兴起。这种方法通过大规模语料库的学习来自动发现语言中的规律和模式，从而实现对文本的更深入理解和分析。

在会计信息处理领域，基于统计的自然语言处理技术得到了广泛应用。例如，通过训练统计模型来识别财务报表中的财务指标和关键信息，实现财务报表的自动化分类和整理。此外，基于统计的方法还可以用于会计信息的情感分析和趋势预测等任务。通过对历史数据的分析，统计模型可以学习出文本中表达的情感倾向和变化趋势，为管理层提供有价值的决策支持。基于统计的自然语言处理技术相比早期基于规则的方法具有更强的泛化能力和更高的准确性。然而，它仍然面临一些挑战，如数据稀疏、特征工程复杂和模型可解释等问题。这些问题在一定程度上限制了自然语言处理技术在会计信息处理领域的应用和发展。

（三）基于深度学习的方法与会计信息智能化处理的深度融合

近年来，随着深度学习技术的快速发展，基于深度学习的 NLP 方法逐渐成为主流。这种方法通过构建深度神经网络模型来自动学习文本中的特征表示和语义信息，从而实现对文本的更深入理解和分析。

在会计信息智能化处理领域，基于深度学习的自然语言处理技术得到了广泛应用。例如，通过训练深度学习模型来自动识别和提取财务报表中的关键信息，实现财务报表的自动化处理和分析。此外，深度学习模型还可以用于会计信息的语义理解和生成任务，如自动撰写财务报告、智能回答会计问题等。基于深度学习的自然语言处理技术具有强大的自学习和自适应能力，能够处理复杂的语言现象和大规模数据。它不仅可以提高会计信息处理的效率和准确性，还可以为管理层提供更加智能化、个性化的服务。例如，通过深度学习模型对财务报表进行深度挖掘和分析，可以发现潜在的风险和机会，为企业的战略决策提供有力支持。

此外，基于深度学习的自然语言处理技术还具有较好的可解释性和可视化能力。通过可视化工具展示模型的输出结果和决策过程，可以让管理层更加直观地了解会计信息处理的结果和依据，提高决策的科学性和可信度。

自然语言处理技术的发展经历了从基于规则的方法到基于统计的方法再到基于深度学习的方法的演变。在这一过程中，自然语言处理技术与会计信息智能化处理逐渐融合，为会计领域带来了革命性的变化。随着技术的不断发展和创新，自然语言处理技术在会计信息处理领域的应用将更加广泛和深入。

四、自然语言处理技术特点

在会计信息智能化处理的背景下，自然语言处理技术展现出了一系列显著的技术特点，这些特点不仅有助于理解复杂的会计文本，还能促进信息的自动化处理。

（一）处理复杂语言现象的能力

会计文本中常常包含复杂的语言现象，如多义词、隐喻、专业术语等。自然语言处理技术具备处理这些复杂现象的能力，通过上下文分析和语义理解来准确识别并解释这些词语和句子的含义。例如，在财务报表中，"收入"一词可能指营业收入、投资收益等多种含义，自然语言处理技术能够结合上下文信息，准确判断其具体含义。

（二）自动化处理能力

自然语言处理技术能够实现会计文本的自动化处理，大大减轻了人工处理的工作量。通过自动化的文本解析、信息抽取和分类，自然语言处理技术可以快速准确地提取出会计文本中的关键信息，如财务数据、财务指标等。这不仅提高了信息处理的效率，还降低了人为错误的风险。

（三）语义理解能力

语义理解是自然语言处理技术的核心之一。在会计信息智能化处理中，语义理解能力尤为重要。自然语言处理技术能够理解会计文本中的句子和段落的意义，进而推断出文本的整体含义。这对于理解复杂的会计政策、合同条款等具有重要意义。通过语义理解，自然语言处理技术可以自动提取出与会计信息相关的关键信息，为后续的决策提供支持。

（四）信息抽取能力

信息抽取是自然语言处理技术的另一个重要特点。在会计信息智能化处理中，信息抽取能力对提取关键信息至关重要。自然语言处理技术能够从大量的会计文本中自动抽取出关键信息，如公司名称、财务数据、财务指标等。这些信息对于后续的财务分析、预测和决策具有重要价值。通过信息抽取，自然语言处理技术可以帮助企业快速获取所需的会计信息，提高决策的准确性和效率。

（五）适应性和可扩展性

自然语言处理技术具有良好的适应性和可扩展性。随着会计文本数据量的不断增长和文本格式的多样化，自然语言处理技术需要不断地适应和扩展其处理能力。自然语言处理技术可以通过不断的学习和优化，不断提高其处理效率和准确性。同时，自然语言处理技术还可以与其他技术相结合，如机器学习、深度学习等，以进一步扩展其应用范围和提高其性能。这种适应性和可扩展性使得自然语言处理技术在会计信息智能化处理中具有广泛的应用前景和潜力。

自然语言处理技术在会计信息智能化处理中展现出了一系列显著的技术特点。这些特点不仅有助于理解复杂的会计文本，还能促进信息的自动化处理。随着技术的不断发展和完善，自然语言处理技术在会计信息智能化处理中的应用将会越来越广泛，为企业提供更高效、准确的决策支持。

第二节 自然语言处理在会计文本分析中的应用

一、财务报表分析

在会计信息智能化处理过程中，财务报表分析扮演着至关重要的角色。财务报表作为公司财务状况和经营成果的重要载体，包含了大量的文字描述和数据信息。传统的财务报表分析方法往往需要人工进行大量的阅读、理解和分析，不仅效率低下，而且容易受到人为因素的影响。而自然语言处理技术的应用，则为财务报表分析带来了革命性的变化。

（一）财务报表中的文字描述与自然语言处理技术的应用

财务报表中的文字描述，如管理层讨论与分析、财务报表附注等，往往包含了与公司财务状况、经营成果、风险因素等相关的信息。这些信息对于投资者、分析师和管理层来说都具有重要的参考价值。然而，由于文字描述的复杂性和多样性，传统的分析方法往往难以有效地提取和利用这些信息。

自然语言处理技术的应用，为财务报表中的文字描述提供了深度分析的可能。通过自然语言处理技术，可以对财务报表中的文字描述进行自动分词、词性标注、句法分析等处理，提取出与公司财务状况、经营成果相关的关键信息。例如，可以识别出描述收入、利润、成本、资产等财务指标的关键词汇，以及描述风险因素、市场趋势等的句子或段落。这些信息可以为后续的财务分析和决策提供有力的支持。

（二）自然语言处理技术在财务指标提取中的应用

财务指标是衡量公司财务状况和经营成果的重要标准。然而，在财务报表中，财务指标往往分散在不同的段落和句子中，难以直接提取和利用。自然语言处理技术的应用，可以通过训练模型来自动识别和提取财务报表中的财务指标。具体来说，自然语言处理技术可以利用深度学习等算法，对财务报表中的文字描述进行语义分析和理解。通过构建财务指标相关的词汇表和语法规则，模型可以自动识别和提取出与财务指标相关的词汇和句子。例如，可以提取出描述收入、利润、成本、资产等财务指标的句子或段落，并对其进行进一步的量化分析和处理。这样，不仅可以提高财务指标提取的效率和准确性，还可以为后续的财务分析和决策提供更为准确和全面的数据支持。

（三）自然语言处理技术在风险因素识别中的应用

在财务报表中，风险因素是影响公司财务状况和经营成果的重要因素之一。然而，风险因素往往隐藏在大量的文字描述中，难以被直接识别和分析。自然语言处理技术的应用，可以通过对财务报表中的文字描述进行情感分析和语义理解，自动识别和提取出与公司风险因素相关的信息。自然语言处理技术可以利用情感分析算法，对财务报表中的文字描述进行情感倾向的判断和分类。通过识别出描述风险因素的负面词汇和句子，模型可以自动提取出与公司风险因素相关的信息。此外，自然语言处理技术还可以结合语义理解算法，对风险因素进行更深入的挖掘和分析。例如，可以分析风险因素对公司财务状况和经营成果的具体影响程度，以及公司在应对风险方面采取的措施和效果等。这些信息对于投资者、分析师和管理层来说都具有重要的参考价值。

（四）自然语言处理技术在财务报表可视化中的应用

随着大数据和可视化技术的发展，财务报表可视化已经成为一种重要的信息展示方式。通过将财务报表中的文字描述和数据信息转化为图表、图像等形式进行展示，可以更加直观、清晰地呈现公司的财务状况和经营成果。自然语言处理技术的应用，可以为财务报表可视化提供更为丰富和准确的数据支持。自然语言处理技术可以通过对财务报表中的文字描述进行深度分析和理解，提取出与公司财务状况、经营成果相关的关键信息和数据。这些数据可以被用于生成各种形式的可视化图表，如柱状图、折线图、饼图等。通过可视化图表，可以更加直观地展示公司的财务指标、风险因素、市场趋势等信息，为投资者、分析师和管理层提供更加全面和深入的分析和决策支持。

二、会计政策理解

在会计信息智能化处理领域，会计政策的理解是一个至关重要的环节。通过自然语言处理技术，我们可以自动解析和理解复杂的会计政策，从而为会计决策提供有力支持。

(一) 政策文本的自动化解析

会计政策通常以文本形式呈现，包含大量的专业术语和复杂句式。这些文本信息对于理解政策内容至关重要，但传统的人工解析方式既耗时又容易出错。自然语言处理技术通过其强大的文本处理能力，能够自动化地对政策文本进行解析，识别出关键概念、定义、规则和约束等要素。这不仅大大提高了政策解析的效率，还确保了信息的准确性和一致性。

在解析过程中，自然语言处理技术会利用词法分析、句法分析和语义分析等方法，对政策文本进行预处理和结构化处理。词法分析可以识别出文本中的词汇、词性和短语结构；句法分析可以分析出句子的结构和语法关系；语义分析则可以理解句子的含义和上下文关系。通过这些步骤，自然语言处理技术能够将政策文本转化为计算机可理解的结构化数据，为后续的理解和应用提供基础。

(二) 政策内容的智能理解

政策内容的理解是会计政策理解的核心。会计政策往往涉及复杂的会计原则、方法和程序，需要深入理解其背后的逻辑和意图。自然语言处理技术通过其强大的语义理解能力，可以实现对政策内容的智能理解。在理解过程中，自然语言处理技术会结合语言学、计算机科学和人工智能等多个领域的知识，对政策文本进行深度分析和推理。它可以通过上下文分析、相似度计算和模式识别等方法，发现政策文本中的关键信息、规律和趋势。同时，自然语言处理技术还可以利用机器学习算法，从大量的政策文本中自动学习出会计政策的特征和规律，进一步提高理解的准确性和效率。通过智能理解，自然语言处理技术可以帮助会计人员快速掌握政策的核心内容和要求，为会计决策提供有力支持。例如，在出具财务报告时，会计人员可以利用自然语言处理技术快速检索和解析相关的会计政策，确保财务报告的合规性和准确性。

(三) 政策信息的智能应用

在会计政策理解的基础上，自然语言处理技术还可以实现政策信息的智能应用。通过将政策文本转化为结构化数据，并结合其他数据源（如财务数据、业务数据等），自然语言处理技术可以实现对政策信息的深入挖掘和综合利用。

例如，在风险评估领域，自然语言处理技术可以自动分析政策文本中的风险因素和约束条件，结合企业的实际情况和业务数据，为风险评估提供全面、准确的数据支持。在财务分析领域，自然语言处理技术可以自动提取政策文本中的财务指标和要求，结合企业的财务数据，为企业制订财务计划和预算提供支持。此外，自然语言处理技术还可以实现政策信息的可视化展示。通过将政策文本中的关键信息和规律以图表、图像等形式展现出来，可以帮助会计人员更直观地理解政策内容和要求，提高决策的效率和准确性。

通过自然语言处理技术，我们可以实现会计政策的自动化解析、智能理解和智能应用。这不仅提高了会计信息处理的效率和准确性，还为会计决策提供了有力支持。随着技术的不断发展和完善，自然语言处理技术在会计政策理解领域的应用将会越来越广泛，为企业的财务管理和决策提供更加全面、准确和高效的支持。

三、审计文本处理

在审计过程中，审计人员需要处理和分析大量的审计文本，如合同、报告、凭证等。这些文本通常包含复杂的法律条款、财务数据和业务信息，对审计人员的专业能力和时间成本提出了极高的要求。自然语言处理技术的应用，为审计文本处理带来了革命性的变化，显著提高了审计效率和准确性。

（一）审计文本的数据预处理

审计文本通常包含大量的非结构化数据，如文字、数字、图表等。自然语言处理技术首先可以对这些文本进行预处理，包括文本清洗、分词、词性标注、命名实体识别等步骤。这些预处理步骤能够去除文本中的噪声信息，将文本转化为计算机可以理解的格式，为后续的分析和处理打下基础。

（二）关键词和短语提取

在审计文本中，关键词和短语往往能够直接反映审计对象的重要特征和风险点。自然语言处理技术可以通过训练模型来自动识别和提取文本中的关键词和短语。这些关键词和短语不仅可以为审计人员提供快速定位审计重点的线索，还可以用于构建审计风险预警模型，及时发现潜在的风险因素。

（三）文本分类与主题识别

审计文本通常包含多个方面的信息，如合同类型、业务类型、财务科目等。自然语言处理技术可以通过文本分类和主题识别技术，将审计文本按照不同的类别和主题进行划分。这有助于审计人员快速了解审计对象的基本情况，把握审计的重点和难点。同时，文本分类和主题识别技术还可以用于构建审计知识库，为后续的审计工作提供有力的支持。

（四）情感分析和意见挖掘

在审计过程中，审计人员需要关注审计对象的情感倾向和意见表达。自然语言处理技术可以通过情感分析和意见挖掘技术，对审计文本中的情感倾向和意见进行自动识别和提取。这有助于审计人员了解审计对象对某项业务或决策的态度和看法，为审计结论的形成提供有力的证据。

（五）信息抽取与关系挖掘

审计文本中往往包含大量的信息实体和关系，如公司名、人名、时间、金额等。自然语言处理技术可以通过信息抽取和关系挖掘技术，自动识别并提取文本中的信息实体和关系，构建信息实体之间的关系网络。这有助于审计人员深入了解审计对象的业务关系和资金流向，发现潜在的舞弊行为和违规行为。

（六）审计文本可视化

为了提高审计工作的直观性和可理解性，自然语言处理技术还可以与可视化技术相结合，将审计文本中的关键信息和数据以图表、图像等形式进行展示。通过可视化展示，审计人员可以更加直观地了解审计对象的基本情况、财务状况和风险点等信息，为审计结论的形成提供有力的支持。

自然语言处理技术在审计文本处理中的应用具有广泛的前景和潜力。通过自动化处理和分析大量的审计文本，自然语言处理技术可以显著提高审计效率和准确性，降低审计风险。随着自然语言处理技术的不断发展和完善，相信在未来会有更多的应用场景和创新应用出现，为会计信息智能化处理带来更多的机遇和挑战。

第三节 自然语言处理在财务报告自动生成中的应用

一、财务数据提取

在会计信息智能化处理的领域，财务数据提取是一项关键任务。通过利用自然语言处理技术，我们可以从公司内部丰富的非结构化文本中自动提取出财务数据，为财务报告的生成提供有力支持。

（一）非结构化文本的处理

公司内部存在着大量的非结构化文本，如合同、报告、会议纪要等，这些文本中往往蕴含着丰富的财务数据。然而，由于非结构化文本的特点，如格式多样、语言复杂等，传统的数据处理方法难以直接应用。自然语言处理技术正是针对这一难题而诞生的，它能够对非结构化文本进行深度解析，提取出其中的关键信息。在财务数据提取中，自然语言处理技术首先会对非结构化文本进行预处理，包括文本清洗、分词、词性标注等步骤。这些步骤能够去除文本中的噪声数据，将文本转化为计算机可处理的形式。接下来，NLP技术会利用词法分析、句法分析等方法，进一步解析文本中的句子结构和语法关系，为后续的财务数据提取打下基础。

（二）财务数据的识别与提取

在预处理和解析的基础上，NLP（自然语言处理）技术开始进入财务数据识别阶段。通过构建专门的财务数据识别模型，NLP技术能够识别出文本中的财务数据，如金额、日期、百分比等。这些财务数据是生成财务报告的重要基础。在财务数据提取过程中，NLP技术会利用正则表达式、模式匹配等方法，对文本中的财务数据进行精确匹配和提取。同时，NLP技术还会结合上下文信息，对提取出的财务数据进行校验和修正，确保数据的准确性和完整性。

（三）财务数据的结构化处理

提取出的财务数据往往以非结构化的形式存在，如文本中的数字、日期等。为了便于后续的分析和应用，我们需要将这些非结构化的财务数据转化为结构化的形式。NLP 技术在这里发挥了重要作用。通过构建财务数据的结构化模型，NLP 技术能够将提取出的财务数据转化为具有明确含义和结构的数据格式。例如，可以将金额数据转化为浮点数类型，将日期数据转化为日期类型等。这种结构化处理不仅方便了后续的数据分析和应用，还提高了数据的可读性和可理解性。

（四）财务数据的整合与应用

在完成财务数据的提取和结构化处理后，我们需要将这些数据整合到公司的财务系统中，以便生成财务报告和进行财务分析。NLP 技术在这里同样发挥了重要作用。通过与公司财务系统的集成，NLP 技术能够自动将提取出的财务数据导入系统中，并与系统中的其他数据进行关联和整合。这种整合不仅提高了数据的完整性和准确性，还为财务报告的生成提供了全面、准确的数据支持。

同时，NLP 技术还可以结合其他数据分析工具和方法，对提取出的财务数据进行深入分析和挖掘。例如，可以分析财务数据的变化趋势、预测未来的财务状况等。这些分析结果可以为公司的决策提供有力支持，促进公司的持续发展和创新。

利用自然语言处理技术从公司内部非结构化文本中提取财务数据是一项具有重要意义的工作。通过 NLP 技术的应用，我们可以实现财务数据的自动化提取、结构化处理和整合应用，为财务报告的生成和财务分析提供有力支持。随着技术的不断发展和完善，NLP 技术在财务数据提取领域的应用将会越来越广泛，为企业的财务管理和决策提供更加全面、准确和高效的支持。

二、财务报告模板生成

在会计信息智能化处理领域，财务报告模板的生成是一个重要且复杂的任务。传统的财务报告模板生成往往依赖于人工编写，这不仅效率低下，而且容易因为人为因素产生错误。随着自然语言处理技术的发展，我们可以利用 NLP 技术来自动生成符合规范的财务报告模板，从而提高会计信息处理的效率和准确性。

（一）理解财务报告的规范与结构

财务报告作为公司财务状况和经营成果的重要展现形式，需要遵循一定的规范和结构。这些规范和结构通常包括报告的标题、目录、正文、附注等部分，以及各部分之间的逻辑关系。NLP 技术可以通过对大量财务报告的学习和分析，理解这些规范和结构，为后续的模板生成提供基础。NLP 技术可以通过文本分类和主题识别技术，将财务报告划分为不同的部分和主题。同时，NLP 技术还可以通过对词汇、句法和语义的分析，理解各部分之间的逻辑关系。这些分析结果为后续的模板生成提供了重要的参考。

（二）提取财务报告的关键信息

在理解了财务报告的规范和结构之后，NLP 技术需要提取出财务报告中的关键信息。这些关键信息包括公司的基本信息、财务状况、经营成果、风险因素等。这些信息是构成财务报告模板的主要内容，对于确保模板的准确性和完整性至关重要。

NLP 技术可以通过关键词和短语提取技术，自动识别和提取财务报告中的关键信息。同时，NLP 技术还可以结合上下文信息，对提取出的信息进行进一步的验证和修正。这些提取出的关键信息将被用于后续的模板生成过程。

（三）生成财务报告模板

在提取出财务报告的关键信息之后，NLP 技术可以根据这些信息自动生成符合规范的财务报告模板。这个过程中，NLP 技术需要综合考虑财务报告的规范和结构、关键信息的呈现方式以及报告的可读性等因素。NLP 技术可以根据财务报告的规范和结构，自动构建出报告的框架和目录。同时，NLP 技术还可以根据关键信息的呈现方式，自动选择合适的词汇、句型和段落结构来填充模板。此外，NLP 技术还可以对生成的模板进行语法和语义检查，确保模板的准确性和可读性。

（四）优化与调整财务报告模板

生成的财务报告模板可能需要根据实际情况进行优化和调整。这包括调整模板的结构、修改关键信息的呈现方式以及改善报告的可读性等。NLP 技术可以通过对生成的模板进行进一步的分析和评估，自动提出优化建议并进行调整。NLP 技术可以通过对模板的语法和语义分析，发现模板中可能存在的问题和不足。同时，NLP 技术还可以结合用户的反馈和需求，对模板进行优化和调整。这些优化和调整可以进一步提高模板的准确性和可读性，满足用户的需求和期望。

NLP 技术在财务报告模板生成中的应用具有广泛的前景和潜力。通过自动化生成符合规范的财务报告模板，NLP 技术可以显著提高会计信息处理的效率和准确性，降低人为因素产生的错误。随着 NLP 技术的不断发展和完善，相信在未来会有更多的应用场景和创新应用出现，为会计信息智能化处理带来更多的机遇和挑战。

三、财务报告内容生成

在会计信息智能化处理领域，财务报告内容生成是一项复杂而重要的任务。通过自然语言处理技术，可以自动生成财务报告的文字描述部分，如经营成果分析、财务状况说明等，从而极大提高了财务报告的编写效率和准确性。

（一）文本模板的设计

在生成财务报告的文字描述部分之前，需要设计一套合适的文本模板。这些模板定义了报告的基本结构和内容框架，为 NLP 技术提供了生成文本的指导。模板的设计应考虑到不同财务报告的特点和需求，确保生成的文本能够全面、准确地反映公司的财务状况和经营成果。

（二）财务数据的结构化与整合

在生成财务报告的文字描述部分时，需要用到大量的财务数据。这些数据通常来自公司的财务系统、数据库等结构化数据源。NLP 技术可以与这些数据源进行对接，自动提取和整合所需的财务数据。通过数据清洗、转换和标准化等步骤，将财务数据转化为适合文本生成的格式。

（三）文本内容的自动生成

在获得了合适的文本模板和财务数据之后，NLP 技术可以开始自动生成财务报告的文字描述部分。这一过程主要依赖于自然语言生成（NLG）技术，它是 NLP 技术的一个重要分支，专门用于将结构化数据转化为自然语言文本。在生成文本时，NLP 技术会根据文本模板和财务数据，自动选择合适的词汇、句式和段落结构，生成符合语法和语义规则的文本。生成的文本应该具有清晰、准确、连贯的特点，能够全面、客观地反映公司的财务状况和经营成果。

（四）文本内容的校验与优化

生成的财务报告文本需要经过校验和优化，以确保其准确性和可读性。NLP 技术可以通过一系列自动化工具和方法，对生成的文本进行校验和优化。例如，可以利用语法检查工具对文本进行语法和拼写检查；利用语义分析工具对文本进行语义分析和理解，检查文本是否存在逻辑错误或歧义；还可以利用自然语言生成（NLG）技术的优化算法，对文本进行润色和修改，提高文本的可读性和表达效果。

（五）文本内容的可视化呈现

除了纯文本形式的财务报告，还可以利用 NLP 技术将生成的文本内容转化为可视化形式，如表格、图表、图像等。这种可视化呈现方式可以更加直观地展示公司的财务状况和经营成果，帮助读者更好地理解报告内容。NLP 技术可以与可视化工具进行集成，自动将生成的文本内容转化为可视化形式。同时，还可以根据用户的需求和偏好，定制不同的可视化样式和布局，提高报告的个性化和可定制性。

（六）报告生成的自动化与集成

NLP 技术可以实现财务报告生成的自动化和集成。通过将 NLP 技术与公司的财务系统和报告生成工具进行集成，可以实现财务报告的自动生成和一键发布。这不仅可以提高报告的生成效率，还可以减少人为错误和疏漏，提高报告的准确性和可靠性。此外，NLP 技术还可以与其他自动化工具和流程进行集成，如数据收集、数据分析、报告审核等流程，实现整个财务报告生成流程的自动化和智能化处理。这不仅可以降低企业的运营成本和提高工作效率，还可以提高财务报告的质量和可信赖度。

四、财务报告校对与优化

在会计信息智能化处理流程中，财务报告的校对与优化是确保信息准确性和可读性的重要环节。传统的财务报告校对往往依赖于人工阅读，这不仅耗时费力，而且可能由于人为因素导致疏漏。自然语言处理技术的引入，为财务报告的自动校对与优化提供了强有力的支持。

（一）语法错误的自动检测与修正

财务报告作为重要的会计信息载体，其语言表达的准确性至关重要。NLP 技术通过内置的语法检查功能，能够自动扫描财务报告文本，发现并标记出其中的语法错误。这些错误可能包括拼写错误、标点符号使用不当、时态语态错误等。一旦识别出错误，NLP 技术还能根据上下文语境自动提出修正建议，从而确保财务报告的语法正确性。

（二）逻辑错误的自动检测与提示

除了语法错误，财务报告中的逻辑错误同样不容忽视。逻辑错误可能表现为信息前后矛盾、数据不一致、推理不严密等。NLP 技术可以通过对财务报告文本进行深度语义分析，检测其中的逻辑错误，并向用户发出提示。这种提示可以帮助用户及时发现并修正错误，提高财务报告的准确性和可信度。

（三）财务报表数据的自动核对

财务报告中的数据信息是投资者和分析师关注的重点。NLP 技术可以与数据挖掘技术相结合，自动提取财务报告中的关键数据信息，并与历史数据或行业标准进行对比分析。一旦发现异常数据或不符合规律的数据，NLP 技术能够立即发出警报，并提供详细的数据对比和分析结果。这有助于用户及时发现潜在的风险和问题，确保财务报告数据的准确性和可靠性。

（四）语义理解与文本润色

财务报告的语言表达不仅需要准确，还需要易于理解。NLP 技术通过语义理解和文本生成技术，可以对财务报告文本进行自动润色和优化。它可以根据财务报告的语境和风格，自动调整词汇、句型和段落结构，使文本更加清晰、简洁、易懂。同时，NLP 技术还可以自动添加必要的解释和说明，帮助用户更好地理解财务报告的内容和意义。

（五）用户反馈与持续优化

虽然 NLP 技术在财务报告校对与优化方面已经取得了显著进展，但仍然存在一些挑战和局限性。为了不断提高 NLP 技术的性能和效果，需要不断收集用户的反馈和建议，并进行持续优化。通过收集用户在使用 NLP 技术进行财务报告校对与优化过程中的问题和困难，可以对 NLP 技术的算法和模型进行改进和优化，提高其对财务报告文本的处理能力和准确性。同时，还可以根据用户的需求和偏好，对 NLP 技术的功能和界面进行定制和优化，使其更加符合用户的使用习惯和需求。

NLP 技术在财务报告校对与优化方面的应用具有重要的现实意义和广阔的应用前景。通过自动检测并修正文本中的语法错误、逻辑错误等，NLP 技术可以显著提高财务报告的准确性和可读性。同时，NLP 技术还可以与数据挖掘技术相结合，自动核对财务报表数据，确保数据的准确性和可靠性。此外，通过语义理解和文本润色技术，NLP 技术还可以对财务报告文本进行自动优化和润色，提高文本的可读性和理解性。未来，随着 NLP 技术的不断发展和完善，相信其在财务报告校对与优化方面的应用将会更加广泛和深入。

第四节　自然语言处理技术的挑战与改进

一、技术挑战

在会计信息智能化处理过程中，自然语言处理技术扮演着至关重要的角色。然而，在处理会计领域的专业术语、复杂句式等方面，NLP 技术面临着一系列技术挑战。

（一）专业术语的识别与理解

会计领域拥有大量专业术语，这些术语不仅具有特定的含义，而且在不同的上下文中可能具有不同的解释。对于 NLP 技术而言，如何准确识别和理解这些专业术语是一个重大挑战。

专业术语的识别需要 NLP 技术具备丰富的会计领域知识。这包括词汇表、术语定义、词汇关系等方面的知识。然而，由于会计领域的复杂性和多样性，构建一个全面、准确的会计领域词汇库并非易事。专业术语的理解需要 NLP 技术具备深层语义理解能力。这要求 NLP 技术不仅能够识别出术语的表面含义，还能够理解其在特定上下文中的深层含义。然而，由于会计文本的复杂性和多样性，实现深层语义理解需要克服许多技术难题。

（二）复杂句式的解析与转换

会计文本中常常包含复杂的句式结构，如长句、嵌套句、并列句等。这些复杂句式给 NLP 技术的解析和转换带来了巨大挑战。

复杂句式的解析需要 NLP 技术具备强大的句法分析能力。这要求 NLP 技术能够准确地识别出句子中的主语、谓语、宾语等句法成分，并理解它们之间的逻辑关系。然而，由于会计文本的复杂性和多样性，实现准确的句法分析需要克服许多技术难题。复杂句式的转换需要 NLP 技术具备灵活的文本生成能力。这要求 NLP 技术能够将解析后的句子结构转换为符合语法和语义规则的文本形式。然而，由于会计文本的复杂性和多样性，实现灵活的文本生成需要克服许多技术难题。

（三）跨语言处理的难题

在全球化背景下，会计信息可能需要以多种语言呈现。这要求 NLP 技术具备跨语言处理的能力，即能够在不同语言之间进行翻译和转换。

跨语言处理面临着一系列技术挑战。首先，不同语言之间的语法和语义规则存在巨大差异，这给翻译和转换带来了困难。其次，会计领域的专业术语在不同语言中可能具有不同的表达方式和含义，这给翻译的准确性带来了挑战。最后，跨语言处理需要处理大量的语言数据和语料库，这对 NLP 技术的性能和效率提出了更高要求。

（四）数据隐私与安全的保护

在会计信息智能化处理的过程中，数据隐私与安全是一个不可忽视的问题。NLP 技术需要处理大量的会计数据和文本信息，这些数据可能包含公司的敏感信息和商业秘密。如何保护这些数据的安全性和隐私性是一个重大挑战。首先，NLP 技术需要采取严格的数据加密和访问控制措施，确保数据在传输和存储过程中的安全性。其次，NLP 技术需要遵守相关的数据隐私法规和标准，确保在处理数据时不会泄露公司的敏感信息和商业秘密。最后，NLP 技术需要建立完善的数据备份和恢复机制，以防止数据丢失或损坏带来的风险。

NLP 技术在处理会计领域的专业术语、复杂句式等方面面临着一系列技术挑战。为了克服这些挑战，需要不断研究和改进 NLP 技术，提高其在会计信息智能化处理中的性能和效果。同时，还需要关注数据隐私与安全的问题，确保在处理会计数据时能够保护公司的敏感信息和商业秘密。

二、数据挑战

在会计信息智能化处理进程中，文本数据扮演着至关重要的角色。然而，会计领域的文本数据往往具有其独特性和复杂性，这使得数据获取和标注成了一个不可忽视的挑战。

（一）数据稀疏性

会计领域的文本数据通常呈现出高度的稀疏性。这种稀疏性主要表现在两个方面。一方面，由于会计信息的多样性和专业性，不同公司、不同行业甚至不同国家的会计文本数据可能存在显著的差异。这种差异导致了数据之间的关联性和可比性降低，使得模型在训练时难以捕捉到有效的特征信息。另一方面，会计文本中往往包含大量的专业术语、缩写词和行业特有的表达方式，这些语言特性进一步加剧了数据的稀疏性。在数据稀疏的情况下，传统的基于统计的机器学习算法往往难以取得理想的效果，需要采用更为复杂和先进的模型来提取和表达文本中的深层信息。

（二）标注困难

在会计信息智能化处理中，数据标注是一个至关重要的环节。然而，会计领域的文本数据标注面临着诸多困难。首先，会计文本中往往包含大量的专业术语和复杂的数据结构，这要求标注者具备深厚的会计知识和丰富的实践经验。然而，在实际操作中，很难找到足够数量的具备这些条件的标注者，这导致了标注数据的准确性和可靠性难以保证。其次，会计文本中的信息往往具有多层次、多粒度的特点，这要求标注者能够准确地把握文本中的关键信息，并将其标注出来。然而，由于标注者的主观性和经验差异，标注结果可能存在不一致性和错误性，这会对模型的训练和评估产生不利影响。最后，会计文本数据的标注需要耗费大量的时间和人力成本，这限制了标注数据的规模和范围，使得模型难以覆盖所有的会计文本类型和场景。

（三）数据获取与隐私保护

在会计信息智能化处理中，数据获取也是一个重要的挑战。会计文本数据往往涉及公司的核心机密和商业秘密，这些数据通常被严格保护，难以获取。同时，由于会计信息的敏感性和重要性，数据泄露和滥用的风险也相对较高。这要求在获取数据时必须遵循相关的法律法规和道德准则，确保数据的合法性和安全性。此外，在获取数据时还需要考虑到数据的多样性和代表性，以确保模型能够覆盖各种会计文本类型和场景。

为了应对这些挑战，可以采取一些策略和方法。首先，针对数据稀疏性问题，可以采用预训练模型和迁移学习技术来提取和表达文本中的深层信息，同时结合会计领域的特点和规律，对模型进行针对性的优化和改进。其次，针对标注困难问题，可以采用无监督学习或半监督学习的方法，利用大量的未标注数据来辅助模型的训练和评估，同时加强标注者的培训和指导，提高标注数据的准确性和可靠性。最后，针对数据获取与隐私保护问题，可以采用匿名化、脱敏化和加密等技术手段来保护数据的隐私和安全，同时加强数据共享和合作机制的建设，促进会计信息的共享和利用。

会计领域的文本数据在会计信息智能化处理中面临着数据稀疏性、标注困难和数据获取与隐私保护等挑战。需要采取有效的策略和方法来应对这些挑战，以确保会计信息智能化处理的顺利进行和取得理想的效果。

三、算法改进

在会计信息智能化处理中，针对会计领域的特定需求，对 NLP 算法进行研究和改进是提高处理效果和效率的关键。

（一）领域特定词汇库的构建

会计领域拥有大量专业术语和特定词汇，这些词汇在文本中的准确识别对于理解文本内容至关重要。因此，构建领域特定的词汇库是 NLP 算法改进的首要任务。词汇库应包含会计领域的常用术语、缩写、专业名词等，并需要不断更新和完善以适应领域的发展变化。通过引入领域特定词汇库，NLP 算法可以更准确地识别和理解会计文本中的专业词汇，提高文本处理的准确性。

（二）句法分析和语义理解

会计文本中常常包含复杂的句式结构和丰富的语义信息。为了提高 NLP 算法对会计文本的处理能力，需要加强对句法分析和语义理解的研究和改进。在句法分析方面，可以引入更先进的句法分析算法，如基于深度学习的句法分析模型，以更准确地识别句子中的句法成分和关系。在语义理解方面，可以利用自然语言理解技术，如命名实体识别、关系抽取等，来提取会计文本中的关键信息，并理解其深层含义。

（三）跨语言处理能力的增强

在全球化背景下，会计信息可能需要以多种语言呈现。因此，增强 NLP 算法的跨语言处理能力对于提高会计信息智能化处理的效率至关重要。为了增强跨语言处理能力，可以引入多语言 NLP 模型和跨语言翻译技术。通过构建多语言模型，可以使 NLP 算法支持更多语言的文本处理。同时，利用跨语言翻译技术，可以实现不同语言之间的文本翻译和转换，方便用户在不同语言之间获取和理解会计信息。

（四）数据预处理和特征提取

数据预处理和特征提取是 NLP 算法中不可或缺的步骤，对于提高算法的处理效果和效率具有重要意义。在数据预处理方面，可以引入更先进的文本清洗和标准化技术，如去除噪声数据、统一文本格式等，以提高文本数据的质量。在特征提取方面，可以研究更适合会计领域的特征表示方法，如词向量、文档嵌入等，以更好地捕捉会计文本中的关键信息和语义关系。

（五）模型优化和性能提升

为了提高 NLP 算法在会计领域的处理效果和效率，还需要对模型进行优化和性能提升。一方面，可以引入更先进的机器学习算法和深度学习模型，如循环神经网络（Recurrent Neural Nstwork, RNN）、长短期记忆网络（Long Short-Tetrm Memory, LSTM）、人工神经网络（Artificial Neural Network, ANN）等，以提高模型的表达能力和泛化能力。另一方面，可以利用分布式计算、并行计算等技术手段，提高模型的训练速度和推理速度，以满足实时处理大量会计数据的需求。

还可以采用集成学习、迁移学习等方法，将多个模型进行组合和优化，以提高整体的处理效果和效率。通过不断迭代和优化模型，可以使其更好地适应会计领域的特定需求，提高会计信息智能化处理的准确性和效率。

针对会计领域的特定需求，对 NLP 算法进行研究和改进是提高会计信息智能化处理效果和效率的关键。通过构建领域特定词汇库、加强句法分析和语义理解、增强跨语言处理能力、优化数据预处理和特征提取以及模型优化和性能提升等方面的改进，可以不断提高 NLP 算法在会计领域的应用能力和水平。

四、知识库构建

在会计信息智能化处理进程中，构建完善的会计知识库是一项基础且关键的任务。会计知识库不仅为 NLP 技术的应用提供了必要的背景知识和数据支持，也是提高会计信息处理准确性和效率的重要保障。

（一）知识库的重要性

会计知识库是会计信息智能化处理的重要基础，它包含了会计领域的专业术语、规则、案例等关键信息。这些信息为 NLP 技术提供了理解和处理会计文本的基础，使得机器能够自动识别、解析和提取文本中的会计信息。同时，会计知识库还能够为会计人员提供决策支持和知识查询服务，帮助他们更好地理解和应用会计信息。

（二）专业术语的积累

会计知识库中的专业术语是理解和处理会计文本的关键。这些术语包括会计科目、财务报表项目、会计准则等。为了构建完善的会计知识库，需要不断积累这些专业术语，并确保其准确性和完整性。在积累过程中，可以参考权威的会计词典、教材和行业规范等文献，同时结合实际情况进行补充和修正。

（三）规则与逻辑的整理

除专业术语之外，会计知识库还需要包含会计领域的规则和逻辑。这些规则和逻辑包括会计准则、会计政策、会计处理方法等。这些规则和逻辑是理解和处理会计文本的重要依据，也是确保会计信息准确性和一致性的关键。在整理规则和逻辑时，需要深入理解会计领域的业务逻辑和规则体系，确保知识库的准确性和完整性。

（四）案例与经验的积累

会计知识库中的案例和经验是理解和处理复杂会计问题的重要参考。这些案例和经验来自实际的会计工作和研究成果，包含了各种会计问题和解决方案。通过积累这些案例和经验，可以为 NLP 技术提供更为丰富和真实的数据支持，提高其在处理复杂会计问题时的准确性和效率。同时，这些案例和经验还可以为会计人员提供实践指导和参考，帮助他们更好地理解和应用会计信息。

（五）持续更新与完善

会计知识库是一个不断发展和完善的过程。随着会计领域的不断发展和变化，新的会计准则、政策和处理方法不断涌现，旧的规则和方法也逐渐被淘汰。因此，会计知识库需要不断进行更新和完善，以确保其时效性和准确性。在更新和完善过程中，可以关注会计领域的最新动态和研究成果，及时将新的信息添加到知识库中，并对旧的信息进行修正和补充。同时，还可以建立用户反馈机制，收集用户在使用过程中的问题和建议，对知识库进行针对性的优化和改进。

构建完善的会计知识库是会计信息智能化处理的基础和关键。通过不断积累和完善专业术语、规则和逻辑、案例和经验等信息，可以为 NLP 技术提供必要的数据支持和背景知识，提高其在处理会计信息时的准确性和效率。同时，会计知识库还可以为会计人员提供决策支持和知识查询服务，帮助他们更好地理解和应用会计信息。因此，我们应该重视会计知识库的构建和完善工作，为会计信息智能化处理提供坚实的基础。

第七章 智能化会计的未来展望

第一节 智能化会计的发展趋势

一、高度自动化与智能化

在会计领域，随着科技的不断发展，智能化处理正逐渐取代传统的手工操作，实现更高程度的自动化与智能化。这不仅提高了会计工作的效率，也降低了人为错误，为企业的财务管理带来了革命性的变化。

（一）数据处理的高度自动化

在会计信息智能化处理中，数据处理是实现自动化的关键环节。通过先进的自动化技术和工具，会计系统能够自动接收、存储、整理和分析各种财务数据，无需人工干预即可完成大量繁琐的数据处理工作。这种高度自动化的数据处理能力不仅大大提高了工作效率，还降低了数据处理中的错误率，为企业的决策提供了更准确、可靠的数据支持。

（二）报表生成的全自动化

报表是会计工作的重要输出之一，也是企业了解自身财务状况和经营成果的重要依据。在智能化会计系统中，报表的生成实现了全自动化。系统能够根据预设的规则和模板，自动从数据库中提取相关数据，生成各种财务报表和管理报表。这种全自动化的报表生成方式不仅减少了人工操作的时间和成本，还提高了报表的准确性和一致性。同时，企业还可以根据需要自定义报表模板和规则，以满足不同的报表需求。

（三）审计流程的智能化

审计是会计工作的重要环节之一，也是保障企业财务信息真实性和准确性的重要手段。在智能化会计系统中，审计流程也实现了智能化。系统能够自动对财务数据进行分析、比对和验证，发现潜在的风险和问题，并提供相应的解决方案。此外，智能化审计系统还能够对审计过程进行全程跟踪，确保审计工作的透明度和可追溯性。这种智能化的审计流程不仅提高了审计工作的效率和准确性，还降低了审计风险，为企业提供了更加可靠的财务保障。

（四）机器学习算法提升智能化水平

机器学习算法是智能化会计系统的核心技术之一。通过自动学习和自我优化，机器学习算法能够不断提升智能化水平，使会计系统更加智能和高效。例如，机器学习算法可以自动识别和分类各种财务数据，自动完成凭证的录入和审核，自动预测和评估财务风险等。此外，机器学习算法还可以根据历史数据和经验知识，不断优化和改进会计系统的功能和性能，提高系统的适应性和可扩展性。这种基于机器学习算法的智能化会计系统不仅能够满足企业日益复杂的财务管理需求，还能够为企业提供更加精准、个性化的服务。

会计信息智能化处理的高度自动化与智能化为企业带来了诸多好处。通过自动化数据处理、报表生成、审计流程以及机器学习算法的应用，智能化会计系统能够大大提高会计工作的效率和准确性，降低人为错误，为企业的财务管理提供更加可靠、高效的支持。

二、实时化与预测性分析

在会计信息智能化处理的背景下，实时化与预测性分析是提升企业财务数据处理效率和决策支持能力的关键要素。

（一）实时更新与处理财务数据

智能化会计系统能够实时更新和处理财务数据，打破了传统会计处理的时间限制。通过集成先进的自动化技术和数据处理算法，系统能够实时监控企业的财务交易，并在第一时间将这些数据转化为有用的财务信息。这种实时更新的能力确保了财务数据的准确性和时效性，为管理层提供了即时的经营决策支持。实时处理财务数据不仅提高了工作效率，还使得企业能够更快地响应市场变化和业务需求。管理层可以基于最新的财务数据作出更加明智的决策，调整经营策略，优化资源配置，从而增强企业的竞争力和市场适应性。

（二）即时经营决策支持

智能化会计系统的实时更新和处理能力为管理层提供了即时的经营决策支持。管理层可以通过系统随时查看最新的财务数据，了解企业的财务状况和经营成果。同时，系统还可以根据管理层的需求生成各种财务报表和分析报告，帮助管理层更好地了解企业的运营情况和潜在风险。基于实时更新的财务数据，智能化会计系统还可以进行实时的财务分析和预测。系统可以根据历史数据和当前市场情况，预测未来的财务趋势和可能的风险点，为管理层提供前瞻性的决策支持。这种即时的经营决策支持有助于管理层更加精准地把握市场机遇，降低经营风险，实现企业的可持续发展。

（三）大数据分析与预测模型

智能化会计系统利用大数据分析和预测模型进行更准确的财务预测和风险管理。通过对海量财务数据的收集、整理和分析，系统可以揭示出数据背后的规律和趋势，为管理层提供更加深入和全面的财务洞察。预测模型是智能化会计系统的重要组成部分。这些模型基于先进的数据分析技术和算法，能够根据历史数据和当前市场情况预测未来的财务趋势和可能的风险点。通过运行这些预测模型，系统可以为管理层提供精确的财务预测和风险评估结果，帮助管理层更好地制定经营策略和风险管理措施。

（四）提升财务预测与风险管理的准确性

智能化会计系统通过大数据分析和预测模型的应用，显著提升了财务预测和风险管理的准确性。传统的手工预测和风险管理方法往往受到人为因素和数据局限性的影响，难以达到较高的准确性。而智能化会计系统则能够充分利用大数据和先进算法的优势，自动进行数据的收集、整理和分析，并基于预测模型进行精确的财务预测和风险评估。这种准确性的提升有助于管理层更加精准地把握市场机遇和风险点，制定更加有效的经营策略和风险管理措施。同时，它还有助于企业降低经营风险，提高经营效率和盈利能力，为企业的可持续发展提供有力保障。

会计信息智能化处理的实时化与预测性分析是提升企业财务数据处理效率和决策支持能力的关键要素。通过实时更新和处理财务数据、提供即时的经营决策支持、利用大数据分析和预测模型以及提升财务预测和风险管理的准确性，智能化会计系统为企业带来了更高的竞争力和市场适应性。

三、云端化与移动化

随着信息技术的不断进步，会计信息处理正在逐步向云端化和移动化转变。这种转变不仅提高了会计数据的安全性和可访问性，还为会计人员提供了更加便捷、高效的工作方式。

（一）云端存储与远程访问

在云端化的趋势下，会计数据将更多地存储在云端服务器上。这种存储方式不仅可以节省企业的硬件设备和维护成本，还能实现数据的远程访问和共享。通过云端存储，企业可以随时随地访问到最新的会计数据，无论是内部员工还是外部合作伙伴，都能够方便快捷地获取所需信息。同时，云端存储还具备更高的安全性和可靠性，通过专业的安全技术和防护措施，确保会计数据不被非法获取或篡改。

（二）数据共享与协同工作

云端化使得会计数据的共享变得更为便捷。通过云端平台，不同部门、不同地点的会计人员可以实时共享会计数据，实现协同工作。这种协同工作方式可以减少数据传递和沟通的障碍，大大提高工作效率。同时，云端平台还可以提供版本控制、权限管理等功能，确保数据的安全性和一致性。

（三）移动化应用提高工作效率

移动化应用是会计信息智能化处理的另一个重要趋势。随着智能手机和平板电脑的普及，会计人员可以随时随地使用移动设备处理会计事务。无论是查看财务报表、审批凭证还是数据分析，都可以通过移动设备轻松完成。这种移动化应用使得会计人员能够更加灵活地安排工作时间和地点，实现工作与生活的平衡。

（四）移动安全与数据保护

在移动化应用过程中，数据安全和保护尤为重要。企业需要采取一系列措施来确保移动设备上的会计数据不被非法获取或泄露。这包括使用安全的网络连接、加密存储数据、设置访问权限等。同时，企业还需要对移动设备进行定期的安全检查和更新，确保设备的安全性和稳定性。

（五）云端化与移动化的融合趋势

云端化和移动化是相辅相成的两个趋势。随着技术的不断发展，云端化和移动化的融合将越来越紧密。未来，会计信息系统将更多地采用云端化存储和移动化应用相结合的方式，实现更加高效、便捷、安全的会计信息处理。这种融合趋势将使得会计人员能够更加方便地访问和共享会计数据，提高工作效率和决策准确性。同时，企业也可以更加灵活地部署和管理会计信息系统，降低运营成本和风险。

会计信息智能化处理的云端化与移动化是信息技术发展的必然趋势。通过云端化存储和移动化应用，企业可以实现会计数据的远程访问和共享，提高数据的安全性和可访问性。同时，移动化应用也使得会计人员能够随时随地处理会计事务，提高工作效率。随着技术的不断发展，云端化和移动化的融合将越来越紧密，为企业带来更加高效、便捷、安全的会计信息处理体验。

四、跨领域融合

在智能化会计演进过程中，跨领域融合成为了一个重要趋势。通过将智能化会计与其他业务领域（如供应链管理、客户关系管理等）进行深度融合，并结合外部数据（如市场数据、行业数据等），企业可以获得更为全面和深入的财务洞察，从而为其业务运营提供更为综合的解决方案。

（一）跨领域数据集成

智能化会计系统的跨领域融合首先体现在数据的集成上。会计数据作为企业财务状况的核心反映，与其他业务领域的数据存在着紧密的联系。通过将会计数据与供应链管理、客户关系管理等业务领域的数据进行集成，企业可以构建一个更为完整的数据体系，从而更加全面地了解企业的运营状况。

这种跨领域的数据集成有助于企业发现不同业务领域之间的关联性和影响，进而为企业的决策提供更为全面和深入的支持。

（二）综合财务和业务解决方案

在数据集成的基础上，智能化会计系统可以为企业提供综合的财务和业务解决方案。这些解决方案不仅关注企业的财务状况，还关注企业的业务运营和市场竞争。通过深入分析跨领域的数据，智能化会计系统可以发现企业运营中的潜在问题和机遇，并为企业提供针对性的建议和改进措施。这种综合的财务和业务解决方案有助于企业实现财务和业务的协同优化，提高企业的整体运营效率和竞争力。

（三）实时数据交互与共享

跨领域融合还意味着不同业务领域之间的实时数据交互与共享。在智能化会计系统中，会计数据可以实时更新并与其他业务领域的数据进行交互。这种实时数据交互有助于企业及时发现和解决运营中的问题，确保企业的顺畅运营。同时，不同业务领域之间的数据共享也有助于打破信息孤岛，促进企业内部信息的流通和共享，提高企业的整体信息利用效率。

（四）外部数据集成与财务洞察

除了与企业内部业务领域的融合，智能化会计系统还需要与外部数据进行集成。外部数据包括市场数据、行业数据、竞争对手数据等，这些数据对于企业的财务和业务决策具有重要的参考价值。通过将外部数据与会计数据进行集成和分析，智能化会计系统可以为企业提供更全面和深入的财务洞察。这些洞察有助于企业了解市场趋势、竞争对手状况以及自身的市场地位，从而为企业制定更为精准的财务和业务策略提供支持。

（五）持续优化与改进

跨领域融合是一个持续的过程，需要不断地进行优化和改进。随着企业业务的发展和市场的变化，不同业务领域之间的关联性和影响也会发生变化。因此，智能化会计系统需要不断地进行更新，以适应这些变化。同时，企业也需要加强对智能化会计系统的培训，提高员工对系统的认识和使用能力，确保系统能够更好地服务于企业的财务和业务决策。

会计信息智能化处理的跨领域融合是提升企业整体运营效率和竞争力的重要途径。通过跨领域数据集成、综合财务和业务解决方案、实时数据交互与共享、外部数据集成与财务洞察以及持续优化与改进等方面的努力，企业可以构建一个更加高效、智能和协同的财务管理体系，为企业的可持续发展提供有力支持。

五、智能化监管与合规

随着会计信息智能化处理的发展，智能化监管与合规成了重要的一环。通过利用先进的人工智能技术，会计系统能够自动进行财务合规性检查和审计，降低违规风险，帮助企业更好地遵守相关法规和准则。

（一）自动合规性检查与审计

智能化会计系统具备强大的自动合规性检查和审计功能。通过内置的合规性规则和算法，系统能够自动对会计数据进行扫描和分析，检查是否存在违反相关法规和准则的情况。这种自动检查可以覆盖财务报表、凭证、税务申报等各个方面，确保企业的财务信息符合相关法规要求。一旦发现违规情况，系统将自动发出警示或进行记录，供后续处理参考。这种自动合规性检查和审计不仅提高了工作效率，还减少了人为因素的干扰和错误，为企业提供了更加可靠和准确的财务信息。

（二）风险评估与预测

智能化会计系统利用人工智能技术，可以进行风险评估和预测，帮助企业更好地管理财务风险。通过分析历史数据和市场动态，系统能够预测企业可能面临的财务风险，如坏账风险、流动性风险等。同时，系统还可以根据企业的财务状况和经营情况，评估其遵守相关法规和准则的能力，为企业提供针对性的合规建议。这种风险评估和预测功能可以帮助企业及时发现潜在风险，采取相应措施进行防范和控制，确保企业的稳健经营。

（三）智能合规培训与指导

除了自动合规性检查和审计以及风险评估与预测，智能化会计系统还可以提供智能合规培训与指导。通过集成合规知识和经验，系统能够为会计人员提供实时、准确的合规指导和培训。例如，当会计人员在进行某项操作时，系统可以自动判断该操作是否符合相关法规要求，并提供相应的解释和建议。这种智能合规培训与指导可以帮助会计人员更好地理解和遵守相关法规和准则，增强他们的合规意识。同时，系统还可以根据会计人员的操作情况和学习进度，为他们提供个性化的培训计划和资源推荐，帮助他们不断提升自己的专业能力和水平。在智能化监管与合规方面，智能化会计系统为企业带来了诸多好处。首先，通过自动合规性检查和审计，系统能够确保企业的财务信息符合相关法规要求，降低违规风险。其次，利用人工智能技术进行风险评估和预测，系统可以帮助企业及时发现潜在风险并采取相应的措施进行防范和控制。最后，通过智能合规培训与指导，系统可以增强会计人员的合规意识，确保他们能够更好地遵守相关法规和准则。

　　会计信息智能化处理的智能化监管与合规是确保企业财务信息合规性和准确性的重要手段。通过自动合规性检查和审计、风险评估与预测以及智能合规培训与指导等方面的应用，智能化会计系统能够帮助企业降低违规风险、提高财务信息的准确性和可靠性。

第二节　新技术在会计领域的应用前景

一、区块链技术

　　随着技术的不断发展，区块链技术作为一种去中心化、不可篡改、高度透明的分布式账本技术，正逐渐在会计领域展现出其独特的价值。

（一）提升数据透明度和可追溯性

　　区块链技术的核心特性之一是其不可篡改性和去中心化，这为会计信息的真实性和准确性提供了强有力的保障。在区块链上，每一笔交易都被记录在一个公开的账本中，并由网络中的节点共同验证和维护。这使得每一笔交易的记录都具有高度的透明度和可追溯性，任何试图篡改数据的行为都会被及时发现并阻止。

在会计信息智能化处理中，区块链技术可以用于构建一个分布式的会计账本。这个账本可以实时记录企业的所有财务交易，包括收入、支出、资产变动等。由于区块链的不可篡改性，这些记录一旦被写入就无法被修改或删除，从而确保了会计信息的真实性和准确性。同时，由于区块链的去中心化特性，这些记录不需要依赖任何中心机构进行验证和维护，进一步提高了数据的安全性和可靠性。

（二）优化供应链金融

在供应链金融中，供应商、生产商、分销商和终端客户之间存在着复杂的财务关系。传统的供应链金融模式往往依赖中心化的金融机构进行融资和结算，这不仅增加了交易成本，还降低了资金的使用效率。而区块链技术可以通过构建一个去中心化的供应链金融平台，实现供应商、生产商、分销商和终端客户之间的直接融资和结算。在这个平台上，每一笔交易都被记录在区块链上，并且可以通过智能合约进行自动化处理。这不仅可以减少人工干预，还可以提高交易的透明度和可追溯性。同时，由于区块链的去中心化特性，这个平台可以实现全球范围内的实时融资和结算，从而大大提高了资金的使用效率，降低交易成本。

（三）提升跨境支付效率

跨境支付是国际贸易中不可或缺的一环，但传统的跨境支付方式存在着交易成本高、速度慢、风险大等问题。而区块链技术可以通过构建一个去中心化的跨境支付网络，实现快速、安全、低成本的跨境支付。在这个网络中，交易双方可以通过智能合约进行自动化结算，无需依赖任何中心机构进行中转和验证。这不仅可以减少交易成本和时间，还可以降低交易风险。同时，由于区块链的不可篡改性和高度透明性，这个网络还可以实现全球范围内的实时监管和审计，从而提高跨境支付的安全性和合规性。

（四）推动会计审计创新

区块链技术还可以推动会计审计领域的创新。传统的审计方式往往依赖人工审查纸质账本和财务报表，这不仅耗时耗力，还容易出错。而区块链技术可以通过构建一个分布式的审计平台，实现自动化审计和实时监控。在这个平台上，审计人员可以实时查看区块链上的所有交易记录，并通过智能合约进行自动化分析和验证。这不仅可以提高审计的效率和准确性，还可以降低审计成本和风险。同时，由于区块链的不可篡改性和高度透明性，这个平台还可以实现全球范围内的实时监管和审计，从而提高审计的公正性和公信力。

二、物联网

随着物联网技术的不断发展，其在会计信息智能化处理中的应用越来越广泛。物联网技术通过将物理设备连接到会计系统中，实现了实时的数据收集和分析，从而提高了会计信息的准确性和时效性，为企业的财务管理和运营决策提供有力支持。

（一）实时数据收集与分析

物联网技术通过传感器、射频识别技术（Radio Frequency Identification，RFID）标签等设备，能够实时收集与会计相关的数据，如库存数量、设备使用情况、销售数据等。这些数据经过处理后，可以直接输入会计系统中，为企业的财务报表和决策分析提供实时、准确的数据支持。相比传统的手工录入方式，物联网技术大大提高了数据收集的效率和准确性，减少了人为错误的可能性。

（二）优化库存管理

物联网技术在库存管理中的应用尤为突出。通过安装传感器和 RFID 标签，企业可以实时掌握库存的数量、位置、状态等信息。当库存数量低于安全库存水平时，系统会自动发出预警，提醒企业及时补货。此外，物联网技术还可以根据销售数据和市场需求预测未来的库存需求，帮助企业制订合理的库存计划，降低库存成本，提高资金周转率。

（三）提高运营效率

物联网技术不仅可以优化库存管理，还可以提高企业的整体运营效率。例如，在生产过程中，物联网技术可以实时监控设备的运行状态和生产效率，及时发现设备故障和生产瓶颈，并采取相应的措施进行调整。这不仅可以减少生产中断和浪费，还可以提高生产效率。此外，物联网技术还可以用于物流管理、能源管理等领域，帮助企业实现全面的智能化管理。

（四）加强风险管理与预测

物联网技术的应用还加强了企业的风险管理和预测能力。通过收集和分析大量的实时数据，企业可以更加准确地评估自身的财务状况和经营风险，并制定相应的风险管理策略。例如，在财务风险管理方面，物联网技术可以帮助企业实时监测现金流、应收账款等关键财务指标，及时发现潜在的资金链断裂风险，并采取相应的措施进行防范。此外，物联网技术还可以用于市场风险预测、供应链风险预测等领域，帮助企业提前发现潜在风险并采取相应的措施进行应对。

物联网技术在会计信息智能化处理中发挥着越来越重要的作用。通过实时数据收集与分析、优化库存管理、提高运营效率以及加强风险管理与预测等方面的应用，物联网技术为企业提供了更加全面、准确、及时的会计信息支持，帮助企业实现财务管理和运营决策的智能化和高效化。随着物联网技术的不断发展和普及，相信其在会计信息智能化处理中的应用将会越来越广泛和深入。

三、人工智能与机器学习

随着科技的飞速发展，人工智能和机器学习技术正逐渐渗透到会计领域的各个角落，为会计信息智能化处理带来了革命性的变革。

（一）自动化与智能化处理

AI 与机器学习技术在会计领域的应用，首先体现在自动化和智能化处理上。在传统会计工作中，大量繁琐的数据录入、核对、分类等工作耗费了大量的人力物力。而现在，借助 AI 与机器学习技术，这些工作可以交由计算机自动完成，大大提高了工作效率。具体而言，AI 与机器学习可以通过自动化流程识别和处理会计数据，减少人工干预。例如，通过图像识别技术，可以自动识别并提取发票上的关键信息，如日期、金额、供应商等，从而实现发票的自动录入和核对。此外，机器学习算法还可以根据历史数据学习规则，自动进行凭证的分类和编制，进一步提高了会计工作的自动化水平。

除了自动化处理，AI 与机器学习还可以实现会计信息的智能化分析。通过构建预测模型，机器学习算法可以预测未来的财务趋势和风险点，为企业的决策提供有力支持。同时，AI 技术还可以根据企业的业务特点和需求，自动调整和优化财务流程，提高财务管理的效率和效果。

（二）预测性分析与风险管理

AI 与机器学习在会计领域的另一个重要应用是预测性分析和风险管理。传统的财务分析往往只能提供历史数据的回顾和总结，而无法对未来的财务趋势和风险进行准确预测。而 AI 与机器学习技术则可以通过对历史数据的深度学习和分析，发现数据之间的关联性和规律，从而预测未来的财务趋势和风险点。

机器学习算法可以构建预测模型，对企业的财务报表、市场数据、行业数据等进行深度学习和分析，预测未来的收入、成本、利润等财务指标。同时，AI 技术还可以根据预测结果自动调整和优化企业的财务策略，降低财务风险并提高企业的盈利能力。在风险管理方面，AI 与机器学习技术可以通过构建风险识别模型，对企业的各类风险进行实时监测和预警。一旦发现潜在风险点，系统可以自动触发风险应对机制，如调整财务策略、加强内部控制等，从而降低企业的风险损失。

（三）技术进步与应用拓展

随着技术的不断进步和发展，AI 与机器学习在会计领域的应用将更加广泛和深入。未来，随着计算能力的提升和算法的优化，AI 与机器学习将能够处理更加复杂和庞大的数据集，实现更加精准和高效的会计信息处理和分析。同时，随着技术的不断融合和创新，AI 与机器学习还将与区块链等其他先进技术进行结合，形成更加全面和高效的财务管理系统。例如，通过将 AI 与区块链技术结合，可以实现会计信息的实时更新和共享，提高数据的安全性和可信度。此外，AI 与机器学习还可以与物联网技术结合，实现对企业资产的实时监控和管理，进一步提高企业的财务管理水平。

AI 与机器学习技术在会计信息智能化处理中发挥着越来越重要的作用。未来随着技术的不断进步和应用拓展，AI 与机器学习将为企业的财务管理带来更多的创新和变革。

四、自然语言处理技术

自然语言处理（NLP）技术在会计信息智能化处理中扮演着越来越重要的角色。NLP技术使得会计系统能够更好地理解和处理人类语言，从而提高会计信息的可读性和可用性。

（一）提升会计信息的可读性

传统的会计信息通常以数字和报表的形式呈现，非专业人士阅读和理解这些信息可能存在一定的难度。NLP技术的应用使得会计系统能够将复杂的财务数据转化为易于理解的自然语言文本，如财务报表的摘要、财务状况的解释等。这种转化不仅提高了会计信息的可读性，还使得更多的用户能够轻松获取和理解财务信息。

（二）增强会计信息的可用性

NLP技术不仅能够提升会计信息的可读性，还能够增强其可用性。通过NLP技术，会计系统能够自动从大量的文本信息中提取出与财务相关的关键信息，如合同中的金额、日期、条款等。这些信息经过处理后，可以直接用于财务分析、预测和决策等场景，为企业提供更深入、更准确的财务和业务洞察。

（三）自动化文本分析

在会计信息处理中，大量的文本信息需要进行人工分析，如合同、报告、邮件等。这不仅耗时耗力，而且容易出错。NLP技术的应用可以实现文本的自动化分析，通过识别文本中的关键词、短语和模式，提取出与财务相关的关键信息。这种自动化分析不仅可以提高处理效率，还可以减少人为错误的可能性。

（四）情感分析在财务决策中的应用

NLP技术中的情感分析功能可以用于分析文本中的情感倾向，如积极、消极或中性。在会计信息智能化处理中，情感分析可以应用于财务决策支持。

例如，通过对社交媒体、新闻报道等渠道中关于企业、行业或市场的情感倾向进行分析，企业可以了解公众对其的看法和态度，从而作出相应的财务和业务决策。这种基于情感分析的决策方式更加贴近市场实际，有助于提高决策的准确性和有效性。

（五）NLP 与 AI 技术的结合

NLP 技术在会计信息智能化处理中的应用还可以与其他 AI 技术相结合，如机器学习、深度学习等。通过这些技术的结合，会计系统可以不断学习和优化自身的语言处理能力，提高会计信息的准确性和可用性。例如，机器学习算法可以用于识别文本中的复杂模式和规律，深度学习算法可以用于处理大量的非结构化数据，从而进一步拓展 NLP 技术在会计信息智能化处理中的应用范围。

NLP 技术在会计信息智能化处理中发挥着重要作用。通过提升会计信息的可读性和可用性、实现自动化文本分析、情感分析在财务决策中的应用以及与 AI 技术的结合等，NLP 技术为企业提供了更加全面、深入、准确的财务和业务洞察。随着 NLP 技术的不断发展和完善，相信其在会计信息智能化处理中的应用将会越来越广泛和深入。

五、机器人流程自动化（RPA）

随着科技的进步，机器人流程自动化（Robotic process automation，简称 RPA）已经成为会计信息智能化处理中不可或缺的一部分。通过 RPA 技术，会计人员能够自动化处理大量重复性和繁琐的任务，从而提高工作效率和质量。

（一）自动化处理重复性和繁琐任务

在会计领域，存在大量重复性和繁琐的任务，如数据录入、核对、报表生成等。这些任务不仅耗费大量的人力物力，而且容易出错。RPA 技术的出现，使得这些任务得以自动化处理。通过预设的规则和流程，RPA 可以自动完成数据的抓取、整理、计算和生成报告等任务，极大地减轻了会计人员的工作负担。具体来说，RPA 可以自动登录各个财务系统，抓取需要的数据，然后按照预设的规则进行整理和计算。在报表生成方面，RPA 可以根据预设的模板和格式，自动生成各类财务报表，如资产负债表、利润表、现金流量表等。这些报表不仅准确率高，而且格式规范，大大提高了会计信息的可读性和可用性。

（二）提高工作效率和质量

RPA 技术的应用，使得会计人员能够在更短的时间内完成更多的工作，从而提高了工作效率。同时，由于 RPA 的自动化处理减少了人为干预，因此也降低了出错率，提高了工作质量。RPA 可以 24 小时不间断地工作，不受时间和地点的限制。当会计人员需要处理大量数据时，RPA 可以在短时间内完成数据的抓取、整理和计算等任务，从而提高了工作效率。此外，由于 RPA 的自动化处理减少了人为干预，因此也降低了因人为疏忽导致的错误率，提高了工作质量。

（三）与其他技术的结合应用

RPA 技术并不是孤立的，它可以与其他技术（如 AI、NLP 等）进行结合应用，实现更高级的自动化和智能化功能。例如，通过与 AI 技术的结合，RPA 可以实现智能识别、智能分类和智能预测等功能。通过与 NLP 技术的结合，RPA 可以理解自然语言文本中的财务信息，从而进行更深入的财务分析和数据挖掘。当 RPA 遇到复杂的财务数据时，它可以调用 AI 算法进行智能识别和分类。例如，对于一张包含多个项目的发票，RPA 可以自动识别每个项目的名称、金额和税率等信息，并将其分类到对应的会计科目中。此外，通过与 NLP 技术的结合，RPA 还可以理解自然语言文本中的财务信息，如合同、报告等。这使得 RPA 能够更深入地了解企业的财务状况和业务情况，为企业的决策提供更全面的支持。

（四）推动会计工作的智能化发展

RPA 技术的应用不仅提高了会计工作的效率和质量，还推动了会计工作的智能化发展。随着 RPA 技术的不断发展和完善，未来会计工作将更加智能化和自动化。会计人员将能够更多地关注高价值的任务和决策支持工作，而不是陷入繁琐的数据处理工作中。随着 RPA 技术的广泛应用和不断优化，未来会计工作将逐渐实现全面自动化和智能化。会计人员可以通过RPA平台轻松地管理企业的财务数据和信息，实现实时更新和共享。同时，RPA平台还可以与其他系统（如ERP、CRM等）进行无缝对接，实现数据的互联互通和共享。这将使得会计工作更加高效、准确和便捷，为企业的决策提供更全面的支持。

第三节 智能化会计对会计行业的影响

一、职业转型与人才培养

随着技术的不断进步和智能化会计的快速发展，传统的会计角色和职责正在经历深刻的变革。会计人员需要适应这一变革，转型为更加注重数据分析和决策支持的角色。同时，企业和高等教育机构也需要加强对会计人员的数据分析和人工智能应用能力的培养，以满足这一变革带来的需求。

（一）会计职业的演变与转型需求

随着智能化会计的普及，传统的会计角色正在逐渐发生变化。传统的会计工作主要侧重于数据录入、报表编制和审计等基础工作，但随着自动化和智能化的推进，这些工作将逐渐被机器取代。因此，会计人员需要转型为更加注重数据分析和决策支持的角色，利用自己的专业知识和经验，为企业提供有价值的财务和业务洞察。这种转型不仅要求会计人员具备扎实的会计基础知识，还需要他们掌握数据分析、人工智能等先进技术，以便更好地应对智能化会计带来的挑战。

（二）数据分析能力的重要性

在智能化会计的背景下，数据分析能力对于会计人员来说变得至关重要。随着大数据的兴起和应用，企业需要处理和分析海量的数据，以获取有价值的信息。会计人员需要利用自己的专业知识和经验，结合数据分析技术，对企业的财务数据进行深入挖掘和分析，发现其中的规律和趋势，为企业的决策提供有力支持。因此，企业和高等教育机构需要加强对会计人员数据分析能力的培养，使他们能够熟练掌握数据分析工具和方法，提高数据分析的准确性和效率。

（三）人工智能应用能力的培养

除了数据分析能力，人工智能应用能力也是会计人员需要具备的重要素质之一。智能化会计系统利用人工智能技术，能够自动化地完成许多繁琐的会计工作，如数据录入、报表编制等。会计人员需要掌握这些技术，以便更好地与智能化会计系统协作，提高工作效率。同时，会计人员还需要了解人工智能在财务领域的应用前景和发展趋势，以便在未来的工作中更好地应对挑战。因此，企业和高等教育机构需要加强对会计人员人工智能应用能力的培养，使他们能够熟练掌握相关技术和工具，提高智能化会计系统的应用水平。

（四）企业与高等教育机构的合作与培养

为了满足智能化会计对人才的需求，企业和高等教育机构需要加强合作，共同培养人才。企业需要向高等教育机构提出实际需求，提供信息反馈，帮助学校更好地了解市场对人才的需求。同时，高等教育机构也需要根据企业的需求，调整课程设置和教学内容，加强对学生数据分析等能力的培养。此外，企业还可以与高等教育机构合作开展学生实习、实训等活动，让学生更好地了解企业的实际情况和业务流程，为未来的就业做好充分的准备。这种合作不仅有助于培养符合市场需求的高素质会计人才，还有助于推动企业和学校的共同发展。

职业转型与人才培养在会计信息智能化处理中具有重要意义。会计人员需要转型为更加注重数据分析和决策支持的角色，并具备数据分析、人工智能应用等先进技术。企业和高等教育机构需要加强合作，以适应这一变革带来的变化。

二、流程优化与效率提升

随着技术的不断进步，智能化会计正在逐步改变传统的会计流程，带来了显著的效率提升和流程优化。

（一）自动化处理减少人工操作

智能化会计系统通过自动化处理，可以显著减少人工操作的时间，降低错误率。在传统的会计流程中，大量的数据录入、核对、分类等工作需要人工完成，不仅耗时耗力，而且容易出错。而智能化会计系统可以自动抓取、整理和分析数据，减少了人工操作的需求，从而提高了工作效率和准确性。在发票处理方面，智能化会计系统可以自动识别发票上的关键信息，如日期、金额、供应商等，并自动将其录入系统中。

（二）优化传统会计流程

智能化会计系统通过优化传统会计流程，提高了整体工作效率。传统的会计流程往往存在繁琐、重复、耗时等问题，而智能化会计系统可以自动完成这些任务，并将流程简化和优化。在财务报表生成方面，智能化会计系统可以根据预设的规则和模板，自动生成各类财务报表。

三、数据驱动决策

随着智能化会计技术的不断发展和普及，企业正逐步从传统的经验决策转向数据驱动决策。智能化会计不仅提供了更准确、全面的数据支持，还通过数据挖掘和分析帮助企业发现新的商机和风险点，为企业的战略规划和业务决策提供有力支持。

（一）数据准确性与决策质量

智能化会计系统通过自动化和集成化技术，极大地提高了会计信息的准确性和完整性。传统的手工会计处理过程中，数据录入和核算环节容易出现人为错误，导致决策依据的失真。而智能化会计系统通过自动化处理，减少了人为干预，降低了错误率，使得企业能够基于更准确的数据作出更明智的决策。此外，智能化会计系统还能够实时更新数据，确保决策依据的时效性，使企业在快速变化的市场环境中保持竞争优势。

（二）数据挖掘与发现新商机

数据挖掘是智能化会计系统的一项重要功能，它通过对海量数据的深度分析和挖掘，帮助企业发现隐藏在数据中的新商机。例如，通过对销售数据的分析，企业可以了解不同产品、不同区域、不同客户群体的销售情况，从而制定更加精准的市场营销策略。同时，数据挖掘还可以发现潜在的市场趋势和消费者需求，为企业开发新产品、拓展新市场提供有力支持。这些新商机的发现将为企业带来新的增长点，推动企业不断发展壮大。

（三）风险识别与防控

智能化会计系统不仅能够帮助企业发现新的商机，还能够通过数据挖掘和分析识别潜在的风险点。在复杂的市场环境中，企业面临着各种风险，如市场风险、信用风险、财务风险等。智能化会计系统可以通过对各类数据的分析，及时发现这些风险点，并为企业提供预警和防控建议。例如，通过对财务数据的实时监控和分析，系统可以及时发现企业的财务风险，提醒企业采取相应措施进行防控。这种基于数据的风险识别和防控方式，比传统的经验判断更加准确、有效，有助于降低企业的运营风险。

（四）战略规划与业务决策

数据驱动决策不仅有助于企业在日常运营中作出明智的选择，还对企业的战略规划和长期发展具有重要影响。智能化会计系统为企业提供了全面、准确的数据支持，使得企业能够基于数据进行深入的战略分析和规划。通过对历史数据的回顾和对未来趋势的预测，企业可以制定更加符合市场需求和企业实际的发展战略。同时，在业务决策方面，智能化会计系统可以帮助企业评估不同方案的可行性和效果，为企业的业务决策提供有力支持。这种基于数据的战略规划和业务决策方式，使得企业的决策更加科学、合理，有助于提高企业的竞争力和市场地位。

数据驱动决策在会计信息智能化处理中发挥着重要作用。智能化会计系统提供了更准确、全面的数据支持，并通过数据挖掘和分析帮助企业发现新的商机和风险点。这些数据的分析和应用不仅提高了企业的决策质量，还有助于企业的战略规划和长期发展。因此，企业应重视智能化会计技术的建设和应用，加强数据驱动决策的能力培养，以适应快速变化的市场环境和企业发展需求。

四、合规性增强

在会计信息的处理中，合规性始终是一个核心议题。智能化会计系统的应用不仅提升了数据处理效率，还显著增强了财务合规性，降低了违规风险。

(一) 自动进行财务合规性检查和审计

智能化会计系统能够自动进行财务合规性检查和审计，确保企业的财务活动符合相关法规和政策要求。通过预设的规则和算法，系统能够实时抓取财务数据，对其进行合规性分析和判断。一旦发现不符合规定的数据或操作，系统将自动进行标记和记录，并生成相应的报告，以便企业及时了解和应对。这种自动化的合规性检查和审计功能，不仅提高了检查的效率和准确性，还降低了人为错误和疏忽的可能性。同时，系统能够持续更新和完善检查规则和算法，以适应不断变化的法规和政策要求，确保企业的财务活动始终保持在合规的轨道上。

(二) 减少人为错误和降低违规风险

由于智能化会计系统能够自动处理和分析数据，减少了人工操作的需求，因此也减少了人为错误和降低了违规风险。在传统的会计流程中，人工操作往往存在疏忽、错误或违规的可能性，而智能化会计系统通过自动化处理，减少了这些风险点。此外，智能化会计系统还能够对财务数据进行实时监控和预测性分析，及时发现潜在的风险点并采取相应的应对措施。这种实时监控和预测性分析功能，使得企业能够更加准确地把握财务活动的动态和趋势，从而更好地控制风险。

(三) 智能监控与风险预警

智能化会计系统具备智能监控和风险预警功能，能够实时监控企业的财务活动，及时发现潜在的风险点并发出预警。通过运用大数据、人工智能等技术，系统能够对企业财务数据进行深度分析和挖掘，发现数据背后的规律和趋势，从而预测潜在的风险点。当系统发现潜在的风险点时，将自动触发预警机制，向相关人员发送预警信息。这些预警信息可以帮助企业及时了解和应对潜在的风险，避免风险扩大或造成更大的损失。

（四）提升整体合规性管理水平

智能化会计系统的应用不仅提高了财务合规性检查和审计的自动化水平，还提升了整体合规性管理水平。通过智能化系统的支持，企业能够建立更加完善、高效的合规性管理体系，确保企业的财务活动始终符合相关法规和政策要求。同时，智能化会计系统还能够提供全面的合规性报告和分析，帮助企业更好地了解自身的合规性状况和风险点，为企业的战略规划和决策提供重要参考。这种全面的合规性报告和分析功能，使得企业能够更加准确地把握自身的合规性状况和风险点，从而更好地制定应对策略和措施。

智能化会计在会计信息智能化处理中发挥着重要作用，通过自动进行财务合规性检查和审计、降低人为错误和违规风险、智能监控与风险预警以及提升整体合规性管理水平等，增强企业的财务合规性，降低了违规风险，为企业的稳健发展提供有力保障。

五、跨界合作与创新

智能化会计技术的快速发展为会计行业带来了前所未有的变革机遇，其中一个显著的趋势就是促进了会计行业与其他领域的跨界合作。这种跨界合作不仅有助于会计行业吸收其他领域的先进技术和理念，还能够推动会计行业在技术创新、业务模式、人才培养等方面的发展。

（一）技术融合与创新

智能化会计的发展离不开先进技术的支持。通过与其他技术的跨界合作，会计行业可以引入大数据、人工智能、云计算等先进技术，推动会计信息的智能化处理。这些技术的融合不仅可以提高会计信息的处理效率和准确性，还能够为会计行业带来全新的业务模式和服务方式。例如，大数据技术的应用可以帮助会计行业实现对海量数据的实时分析和处理，为企业的决策提供更加准确、全面的支持；人工智能技术的应用则可以实现会计工作的自动化和智能化，降低企业的运营成本，提高工作效率。

（二）业务模式创新

跨界合作还能够推动会计行业在业务模式上的创新。随着智能化会计的发展，会计行业不再局限于传统的核算和报表编制工作，而是逐渐拓展到财务咨询、风险管理等领域。通过与金融、税务、法律等领域的跨界合作，会计行业可以为客户提供更加全面、专业的服务，满足客户在财务管理和业务发展方面的多元化需求。这种业务模式的创新不仅有助于会计行业拓展市场空间，提升竞争力，还能够为客户提供更加优质的服务体验。

（三）人才培养与知识共享

跨界合作还有助于会计行业在人才培养和知识共享方面的进步。会计行业通过与高校、研究机构、行业协会等组织的合作，共同开展人才培养和知识共享项目，推动会计行业人才的培养和知识的更新。这些项目不仅可以为会计行业培养具有跨学科背景和创新能力的人才，还能够为会计行业提供最新的技术动态和市场趋势信息，促进会计行业的持续发展。

（四）行业标准的制定与完善

随着智能化会计的发展，行业标准的制定和完善也变得越来越重要。通过与其他领域的跨界合作，会计行业可以共同制定和完善相关的行业标准和技术规范，确保智能化会计技术的有效应用和推广。这些行业标准的制定和完善不仅有助于规范会计行业的行为和提高服务质量，还能够为智能化会计技术的发展提供有力的保障和支持。

（五）推动行业国际化发展

跨界合作还有助于推动会计行业的国际化发展。随着全球化趋势的加强，会计行业需要更加深入地了解国际市场和国际标准，提高自身的国际化水平。通过与其他国家和地区的会计机构、企业、高校等组织的合作，会计行业可以学习和借鉴国际先进的管理经验和技术标准，提高自身的国际化水平和竞争力。同时，跨界合作还可以为会计行业提供更多的国际交流机会，促进会计行业的国际化发展。

跨界合作与创新在会计信息智能化处理中发挥着重要的推动作用。通过与其他领域的跨界合作，会计行业可以引入先进技术、拓展业务模式、加强人才培养和知识共享、制定和完善行业标准以及推动行业国际化发展。这些方面的进步不仅有助于会计行业的持续发展和提升竞争力，还能够为企业和社会提供更加全面、专业的会计服务。

参考文献

[1] 刘勤 . 管理会计信息化发展的理论与实务 [M]. 上海 : 立信会计出版社 , 2019.

[2] 黄微平，黄正瑞 . 会计信息系统 [M]. 广州：暨南大学出版社 , 2010.

[3] 曲柏龙，王晓莺，冯云香 . 信息化时代财务工作现状与发展 [M]. 长春 : 吉林人民出版社 , 2021.

[4] 张颖 . 智能化成本核算与管理 [M]. 北京：北京理工大学出版社 , 2023.

[5] 陈玲，宋俊骥 . 智能财税共享服务 [M]. 北京：北京理工大学出版社 , 2021

[6] 张军 . 会计信息智能化研究 [J]. 中国乡镇企业会计 ,2013(11)：192-193.

[7] 李宗民 . 基于会计信息智能化管理的票据图像处理与识别 [J]. 河南科学 ,2020(9)：1394-1399.

[8] 华萍 . 大数据背景下会计信息处理智能化探讨 [J]. 经济技术协作信息 ,2023(3)：166-168.

[9] 常虹 . 会计信息处理的智能化发展 [J]. 财会学习 ,2020(9)：135，137.

[10] 马丽丽 . 智能化工厂的会计信息化建设 [J]. 市场周刊 ,2024(13).

[11] 王建高 . 事业单位会计信息化到智能化发展研究 [J]. 行政事业资产与财务 ,2023(3).

[12] 王鹏举 . 以会计数据标准化促进会计信息化、智能化 [J]. 现代经济信息 ,2023(36)：85-87.

[13] 殷欣 . 基于人工智能技术的会计信息化建设研究 [J]. 市场周刊 ,2024(8)：175-178.

[14] 涂霜霜.人工智能时代高职会计教学信息化应用探究 [J]. 南通职业大学学报,2024(1).

[15] 韩琳琳,蒋玉娟.财务信息智能化时代会计职能发展研究 [J]. 商业会计,2022(20)：127-129.

[16] 吴达丽.会计信息处理智能化研究 [J]. 大众投资指南,2020(29).

[17] 王玉霞.大数据背景下会计信息处理智能化研究 [J]. 大众投资指南,2022(5)：155-157.

[18] 陈玲.信息时代背景下的会计信息处理智能化分析 [J]. 大科技,2021(4)：219-220.

[19] 陈琼香.财务智能化视角下公立医院会计信息化建设研究 [J]. 财会学习,2023(29)：80-82.

[20] 成金霞.大数据背景下会计信息处理智能化研究 [J]. 财会学习,2021(22)：98-99.

[21] 赵澄.探析事业单位会计信息化到智能化的发展之路 [J]. 品牌研究,2023(14).

[22] 夏翮.事业单位会计信息化到智能化的发展路径探析 [J]. 审计与理财,2023(5)：45-46.

[23] 李永旭.智能化时代下立体动态会计信息平台的研究 [J]. 商场现代化,2021(9)：174-176.

[24] 李阳,刘唯义,金海燕.基于人工智能的会计信息化的思考与研究 [J]. 中小企业管理与科技,2021(2)：172-173.

[25] 汪柳.财务会计由信息化到智能化转型发展的研究 [J]. 经济与社会发展研究,2022(18)：46-48.

[26] 林晓金.企业智能化管理会计信息系统的功能与模块架构设计研究 [J]. 企业改革与管理,2023(7)：89-91.

[27] 许燕虹.财务智能化背景下会计信息化课程教学改革研究 [J]. 科学咨询,2022(5)：165-167.

[28] 王超.事业单位会计信息化到智能化发展趋势研究 [J]. 行政事业资产与财务,2022(3).

[29] 董华.智能化管理会计信息系统架构研究 [J]. 企业科技与发

展 ,2020(5)：40-41.

[30] 孙雪梅 . 基于人工智能技术的会计信息化建设研究 [J]. 中国管理信息化 ,2020(1)：53-54.

[31] 孙瑜 , 李映青 . 会计信息化背景下高校智能差旅平台应用的探讨 [J]. 商业会计 ,2022(11)：96-99.

[32] 章慧 . 人工智能时代下饲料企业会计信息化发展路径探析 [J]. 中国饲料 ,2022(8)：133-136.